한화이글스
불꽃의 시즌

EAGLES

한화이글스 시즌의 불꽃

어게인 1999를 향해
다함께 울고 웃었던 시간

bs
브레인스토어

Contents

프롤로그: AGAIN 1999 · 6

1. 류현진이 온다고? · 12

2. 엇갈린 길 위에서 · 18

3. 외국인 투수가 선수들을 불러 모았다 · 25

4. 160km/h 마무리의 등장 · 33

5. 돌멩이가 담장 밖으로 넘긴 것 · 41

6. 도대체 너네 왜 그러냐? · 51

7. 괴물 앞에서 포효한 괴물 · 59

8. 8연승, 12연승, 10연승 · 70

9. 리베라토 아니면 플로리얼 · 82

10. 2025년 7월 31일 · 90

11 위기의 여름 · 100

12 청춘의 케미스트리 · 108

13 우주라는 이름의 우주 · 115

14 대전왕자, 스스로 쓴 왕관 · 125

15 아무도 모르는 눈물 · 136

16 1,296이닝의 4번 타자 · 144

17 마주 보는 사람의 믿음 · 152

18 긴 머리를 질끈 묶고 · 162

19 채은성이 내딛는 발 · 172

에필로그: 한화의 류현진, 류현진의 한화 · 182

한화 이글스 팬에게 붙는 '보살'이라는 별명은 사실 그렇게 유쾌하지만은 않다. 언제나 변함없이 열정적이라는 긍정의 의미를 담고 있지만, 그 속에는 여전히 약팀인 한화와, 그런 한화를 묵묵히 견뎌 온 팬들의 인내가 겹쳐 있다. 야구 팬들은 365일 화가 나 있다고 하는데, 따지고 보면 보살이 아닌 야구 팬이 어디 있을까. 그동안 한화 이글스가 진 경기가 유독 많았을 뿐이었다.

2025시즌 한화 이글스는 21세기 들어 가장 많은 승리를 거뒀다. 이글스 역사상 한 시즌에 80승 이상을 거둔 건 빙그레 시절인 1992년 딱 한 번 있었고, 2025년의 한화 이글스는 1992년의 81승을 넘어 구단 최다승 역사를 새로 썼다. 불과 2년 전까지만 해도 80승은 커녕 80패를 했고, 심지어 100패를 걱정했던 팀이었다.

2025년의 한화 이글스 팬들은 경기 중에, 또 경기가 끝나고 '나는 행복합니다'를 부르고 또 불렀다. 크게 지고 있다 간신히 1점을 따라붙어서가 아니라, 패배를 애써 위로하기 위해서가 아니라, 정말로 행복해서 부른 노래였다. 말 그대로 '역대급' 시즌이었다. 구단 역사를 새로 쓰는 대기록이 쏟아졌다. 선발 5명이 8경기 연속 선발승을 거뒀다. 코디 폰세와 라이언 와이스는 구단 최초로 동반 15승 이상을 올렸고, 폰세는 한 경기 18탈삼진으로 류현진을 넘어 리그 신기록을 세웠다. 이어 단 26경기 만에 228탈삼진을 기록하며 리그 한 시즌 최다 탈삼진 기록까지 갈아치웠다. 김서현은 마무리 첫해에 구단 우완 최다 세이브 기록을 달성했다. 팀은 8연승을 마치자마자 12연승을 했고, 또다시 10연승을 이어 갔다. 전반기에 1위를 한 것도 33년 만의 일이었다.

그러나 이 시즌의 진짜 의미는 숫자에 있지 않다. 단순히 많은 기록을 세워서가 아니라, 10위부터 1위까지 올라가는 법을 배운 그 과정에 진짜 가치가 있다. 지고 있어도 이길 수 있다는 위닝 멘탈리티가 생겼고, 실제로 그런 저력을 보여 줬다. 선수들은 한계를 넘어서는 법을 익혔고, 결국 한계란 애초부터 존재하지 않는다는 사실을 깨달았다.

2018년, 정규시즌을 3위로 마치고 무려 11년 만에 포스트시즌에 진출한 한화는 준플레이오프에서 단 1승밖에 거두지 못하고 주저앉았다. 이후 가을야구는 요원하기만 했다. 하지만 이제, 1999년 이후 닿지 못했던 한국시리즈 무대를 꿈꾸는 한화를 비웃는 사람은 없다.

다시 12연승을 한다 해도 '33년 만의'라는 꼬리표는 붙지 않는다. 한화 이글스는 더 이상 어둠의 흔적을 돌아보지 않는다. 그들의 발걸음은 오직 빛나는 내일을 향한다. 누군가 한화가 강팀이 됐냐고 묻는다면, 선뜻 그렇다고 답하기는 어려울지 모른다. 그러나 단언할 수 있다. 한화는 지금, 강팀이 되어 가고 있다.

한화 이글스는 자주 넘어지는 팀이었다. 지금의 한화 이글스는 넘어져도 다시 일어나는 법을 아는 팀이다. 몇 번이고 다시 일어나 달릴 준비를 하는, 한화 이글스의 2025시즌은 그런 불꽃의 시즌이었다.

Eagles

1
류현진이
온다고?

"5강에 못 들면, 12월에 태안 앞바다에 가서 입수하기로 했습니다."

괜히 '입수'를 얘기한 건 아니었다. 2024시즌을 앞두고 한화 이글스를 바라보는 시선은 확실히 달랐다. 2020년부터 2022년까지 3년 연속 최하위를 하고, 2023년 간신히 한 단계 올라 9위가 됐을 뿐이었다. 그런데도 한화가 가을야구는 물론이고 우승까지도 바라볼 수 있다는 목소리가 높았다. 왜? 류현진이 왔으니까.

슈퍼스타의 귀환 소식은 남다르게 전해졌다. 캐나다 토론토 자택의 짐을 한국으로 보냈다는 단독 보도를 시작으로 류현진의 한국 복귀설이 급물살을 탔다. 2월 중순, 한화의 호주 멜버른 1차 스프링캠프가 한창 진행 중이던 시점이었다. 캠프는 평소와 다름없이 차분하게 진행됐지만, 분명 공기는 달랐다. 이미 한화 유니폼을 다시 입기로 마음을 굳힌 류현진은 구단과 계약 기간과 계약 금액 등 세부 사항을 조율하고 있었고, 한화는 2월 22일 류현진과의 8년 최대 170억 원 계약을 공식 발표했다. KBO 역대 최대 규모의 금액이었지만, 그건 아무래도 중요하지 않았다. 한화라는 팀에 류현진이라는 이름의 가치를 숫자로 표현한다는 것 자체가 애초에 무의미한 계산이었다.

　미국으로 떠나기 전, 만 26세의 류현진 앞에 '10년 후에 무엇을 하고 있을까'라는 질문이 놓였다. 그는 망설임 없이 "한화로 돌아와서 열심히 선수 생활 하고 있겠죠"라고 대답했다. 이후 메이저리그 무대를 평정하며 '코리안 몬스터'가 된 그는 한화로 돌아와 이 말을 지켰다.

　잔잔하게 일렁였던 기대감은 설렘과 충격의 파도가 되어 세상을 덮쳤다. 한화 팬들은 물론 야구계를 떠들썩하게 만들 수밖에 없는 빅뉴스였다. 이미 한화는 2차 드래프트에서 외야수 김강민을 지명하고, FA 내야수 안치홍을 데려왔고, 이재원을 영입하며 그 누구보다 거침없는 행보를 보이고 있었다. '메이저리거'의 합류는 화룡점정을 찍었다.

　류현진은 일본 오키나와 2차 스프링캠프 중반부터 선수단에 합류했고, 다시 한화 유니폼을 입는 류현진을 보기 위해 오키나와에 취재진이 구름같이 모였다. 류현진의 선수단 합류 후 첫 인터뷰는 이례적으로 생중계가 되기도 했다. 그의 투구뿐만 아니라 표정과 손짓 하나하나가 관심을 모았다.

더 이상 경험 없는 어리숙한 팀이 아니었다. 류현진을 비롯한 베테랑들의 합류로 한화는 만만히 볼 수 없는 팀으로 인식되기 시작했다. 2024시즌 캐치프레이즈로 'Different Us(달라진 우리)'를 내세운 한화는 정규시즌 개막전에서 패했지만 이후 7연승을 내달리며 승승장구했다. 한화가 정말 달라졌구나. 보는 사람도, 뛰는 사람도 기대감은 더 크게 부풀었다.

하지만 이 뜨거웠던 기대감이 시들기까지는 그리 오랜 시간이 걸리지 않았다. 금방 상승세가 꺾인 한화는 5연패와 6연패를 기록하며 승수를 깎아 먹었고, 4월 23경기에서 6승 17패로 월간 승률 최하위에 머물렀다. 5월에도 드라마틱한 반전은 없었고, 약 한 달 만에 순위는 1위에서 9위까지 곤두박질 쳤다. 시즌 초반의 희망은 간데없었다.

머지않아 결국 10위로 추락했고, 암암리에 퍼지던 감독 경질 소문은 곧 현실이 됐다. 개막 두 달 만의 일이었다. 5월 말 한화는 최원호 감독과 박찬혁 대표이사의 동반 사퇴를 발표한 뒤 6일 만에 김경문 감독 선임을 알렸다. 이후 김경문 체제의 한화는 여름 에디션 유니폼인 파란색 유니폼을 입고 좋은 승률을 올리면서 '푸른 한화' 신드롬을 일으키

기도 했지만, 결국 목표했던 위치에 도달하지 못하고 8위로 시즌을 마감했다.

'애석하게도' 한화의 고참 선수들은 시즌 전 공약을 지켰다. 주장 채은성과 류현진, 이재원, 장시환, 최재훈, 안치홍, 장민재, 이태양 등이 12월 실제로 태안을 찾아 차디찬 겨울 바다에 몸을 담갔다. 채은성은 "다신 하고 싶지 않다"면서 쓴웃음을 지었다.

2
엇갈린
길 위에서

실낱같던 포스트시즌의 희망이 사라지고, 2024시즌 종료 사흘 만에 한화 이글스의 새 시즌 준비가 시작됐다. 대전에서 신인들을 포함해 마무리 훈련을 진행한 한화는 일본 미야자키로 마무리 캠프를 떠났다. 보통 마무리 캠프는 젊은 선수단 위주로 꾸려지지만, 한화는 베테랑, 주전 선수 할 것 없이 사실상 대부분의 선수가 미야자키로 향했다.

그사이 구단은 새 선수 영입에 착수했다. FA 시장이 열리자 발 빠르게 움직인 한화는 FA 공시 이틀 후 유격수 심우준과의 4년 최대 50억 원 계약을 발표했다. 한화가 시즌 중에도 원했던 선수였다. 타격에서는 아쉬운 모습이 있었지만 수비와 주루에서는 정평이 났다. 손혁 단장은 "심우준의 플레이가 투수들을 돕고, 투수들이 1이닝은 더 던질 수 있게 되면서 자연스럽게 팀도 성장할 것"이라 내다봤다.

이틀 후 또 한 번의 FA 영입 소식이 전해졌다. 엄상백과 4년 최대 78억 원의 계약을 맺었다. 엄상백은 2024시즌 156⅔이닝으로 규정이닝 이상을 소화하며 13승을 올렸다. 안정적인 선발 로테이션, 엄상백을 향한 기대는 단순하고도 분명했다. 그렇게 두 명의 선수가 함께 KT에서 한화로 유니폼을 갈아입었다.

김경문 감독은 심우준과 엄상백을 미야자키로 불렀다. KT와의 남은 계약이 얽혀 있어 공식적으로 한화 선수단 훈련을 함께하지는 못했지만, 하루라도 빨리 새 동료들과 얼굴을 익히고 친해지라는 의미였다. 김경문 감독의 부름을 받고 미야자키에 도착한 두 사람은 한화 선수들과 어색한 인사를 나눴다. 공교롭게도 KT의 엄상백 보상선수 지명이 있던 날이었다. 손혁 단장이 훈련 중이던 장진혁을 불러 이별을 알렸고, 장진혁은 눈물을 흘렸다. 운명의 장난처럼 이날 엄상백과 장진혁은 한 팀이지만 한 팀이 아닌 상태의 하루를 보냈다.

공교롭게도 한화의 2025년 정규시즌 개막전 상대는 심우준과 엄상백의 '친정팀' KT였다. 선발투수인 엄상백은 개막 시리즈에 나서지 않아 KT를 만나지 않았지만, 심우준은 낯익은 곳 수원에서 개막전부터 유격수 겸 9번 타자로 선발 라인업에 이름을 올렸다. 심우준을 누구보다 잘 아는 이강철 감독은 "빠르니까 나가면 스트레스를 받을 것 같다. 같이 있을 때는 몰랐는데, 이제 겪어 보게 됐다"면서 "다른 팀 상대로는 잘 나가고 우리 상대로는 안 나갔으면 좋겠다"고 웃었다.

주도권은 KT가 먼저 잡았다. 한화 선발 폰세를 상대로 2점을 앞섰다. 키움 히어로즈에서 KT로 유니폼을 갈아입은 엔마누엘 데 헤이수스를 첫 상대로 만난 한화는 출루조차 하지 못하다 3회 초가 되어서야 한 점을 만회했다. 그리고 2사 후 심우준의 차례, 타석에 들어서기 전 90도로 KT 팬들에게 인사한 심우준은 볼넷을 골라 걸어 나가며 이날 첫 출루를 만들어 냈고, 곧바로 나온 김태연의 적시타에 홈을 밟았다. 점수는 1-2.

하지만 한화는 계속해서 헤이수스에게 막혔고, KT 역시 2득점 후 폰세를 공략하지 못하면서 한 점 차의 스코어가 이어졌다. 이후 이어진 불펜 싸움, 한화가 7회 초 김민수를 채은성의 중전 안타와 대주자 이원석의 도루, 황영묵의 2루타를 엮어 2-2 동점을 만드는 데 성공했다. 그리고 계속된 2사 2루 상황, 심우준이 노볼-2스트라이크의 불리한 볼카운트에서 김민수의 3구를 받아쳤다. 우중간을 가르는 2루타. 그사이 황영묵이 홈을 밟았다. 점수를 뒤집는 결정적인 안타, 심우준은 두 손을 들어 '독수리 발톱' 세리머니를 했지만, KT 팬들을 의식한 듯 빠르게 두 손을 내려놨다.

심우준의 안타로 3-2 역전에 성공한 한화는 8회 초

노시환의 홈런으로 한 점을 더 보탰고, KT의 추격을 뿌리치고 4-3 승리를 거뒀다. 2025년 한화의 정규시즌 첫 경기 결승타는 심우준으로 기록됐다. 한화가 2020년 이후 5년 만에 거둔 개막전 승리였다.

3
외국인 투수가
선수들을 불러 모았다

짜릿한 개막전 승리가 무색하게 패배의 날들이 이어졌다. 이튿날 한화는 KT와 4-4 동점에서 연장 11회까지 가는 혈투를 벌였으나 배정대에게 끝내기 안타를 맞고 충격패를 당했다. 그래도 1승 1패면 나쁘지 않지. 하지만 잠실로 이동해 LG 트윈스를 만난 한화는 3경기를 모두 LG에게 내주며 4연패에 빠졌다.

말도 안 되게 답답한 시리즈였다. 3월 25일 첫 경기에서는 선발 류현진과 엘리에이저 에르난데스의 호투로 0-0으로 팽팽하게 맞섰다. 1회 초 2번 타자 문현빈의 안타가 나왔으나 그 이후 에르난데스가 내려갈 때까지 단 한 개의 안타도 치지 못했다. 문현빈의 볼넷이 유일한 출루였다. 한화는 이어 나온 김진성, 김강률을 상대로도 꽁꽁 묶였다. 이도윤이 좌전 안타를 만들어 냈을 뿐 득점 기회라는 건 눈을 씻고 찾아봐도 없었다. 이후 한화 불펜이 무너지면서 균형이 깨졌고, 0-5 완패를 당하며 경기를 끝냈다.

이튿날이라고 다를 건 없었다. 아니, 더 나빠질 게 없을 것 같았는데 훨씬 끔찍했다. 엄상백은 이적 후 첫 등판에서 4⅔이닝 2실점으로 아쉬운 모습을 보였고, 한화는 LG 선발 임찬규의 공을 제대로 건드리지도 못했다. 너무나 손쉽게 아웃을 당했다. 6회까지 공 63개만 던진 임찬규는 계속해 마운드에 올랐다. 7회에도, 8회에도, 그리고 9회에도……. 임찬규는 투구수 100개로 데뷔 15년 만에 첫 완봉승을 달성했다.

이어진 문동주와 송승기의 5선발 맞대결도 투수전 양상이었다. 송승기는 데뷔 첫 선발 등판이었는데, 송승기를 처음 만난 한화는 7이닝 동안 딱 두 번밖에 출루하지 못했다. 3회 초 선두 타자 임종찬이 우전 2루타를 치고 나가 최재훈의 희생번트에 3루를 밟았으나 이어지는 삼진, 삼진. 7회 초에는 1사 후 플로리얼이 볼넷을 골라 나갔는데, 노시환과 채은성이 모두 3루수 땅볼로 잡혔다. 득점이 사치스럽게 느껴질 정도로 출루조차 하지 못했다. 운까지 없어서 잘 맞은 타구들은 모두 수비수 정면으로 가거나 정면으로 가지 않았는데도 '미친' 수비에 막혔다. LG도 답답하긴 마찬가지였고, 0-0의 스코어가 계속해서 이어졌다. 이런 상황에서 8회 초에는 박명근 상대로 임종찬이 볼넷으로 출루해 1사 1루가 됐는데, 최인호의 병살타가 나오고 말았다. 3월 23일 KT전부터 28이닝 연속 무득점. 이날 첫 점수는 8회 말이 되어서야 나왔다. LG가 먼저 한승혁을 두드려 2점을 뽑아냈다.

　세 경기 연속 '0점'으로 경기를 끝낼 처지에 놓였던 한화는 9회 초 간신히 1점을 냈다. 김강률을 상대로 심우준이 3루수 땅볼을 기록하며 아웃되었고, 직후 김태연이 볼넷 출루, 이어 문현빈이 투수 땅볼로 잡히면서 2사 2루 상황이 되었다. 무득점을 끝낸 주인공은 아이러니하게도 정규시즌 개막 후 17타석 동안 단 한 번도 안타를 치지 못했던 플로리얼이었다. 플로리얼의 개막 5경기 만의 첫 안타로 김태연이 홈을 밟으면서 점수는 1-2, 한 점 차로 따라붙었다. 하지만 노시환의 뜬공으로 경기는 반전 없이 그대로 끝났다.

　우울하게 집으로 돌아온 한화는 대전 신구장에서의 첫 경기를 준비했다. 대전 한화생명 볼파크에서의 정규시즌 첫 경기. 4연패는 했어도 낯설면서도 설레는 새 구장의 공기 속에 기대감이 뭉게뭉게 피어올랐다. 경기가 시작하기 전까지는.

　KIA 타이거즈를 홈 개막전 상대로 만난 한화는 또다시 무거운 침묵 속으로 빠져들었다. 제임스 네일을 만나 이번에는 간간히 안타가 나오긴 했지만 이렇다 할 찬스를 만들지 못했다. 선발 폰세는 4회 초 1실점을 했지만 묵묵히 마운드를 지키고 있었다. 5회 초 최원준 삼진, 김태군 3루수 땅볼, 김규성 다시 삼진. 이닝을 끝낸 폰세는 1루의 홈 팬들을 향해 호응을 유도하더니, 더그아웃 앞에 선수단을 불러 모았다. 열정적으로 말하는 폰세, 그리고 이 말을 똑같이 열정적으로 전하는 김지환 통역의 모습이 포착됐다.

폰세는 7회 초에도 마운드에 올라 이닝 이터 능력을 보여 줬지만, 위즈덤에게 솔로 홈런을 허용하면서 패전의 위기에 몰렸다. 5연패의 그림자가 드리우는 듯했다. 역사적인 신구장 첫 경기가 홈팀의 패배로 끝이 나는 건가.

그때 김태연의 홈런이 터졌다. 네일이 내려가고 전상현이 올라온 7회 말, 2사 주자 없는 상황에서 김태연이 마수걸이 홈런으로 한화의 첫 득점을 만들어 냈다. 한 점 차로 따라붙은 한화는 임종찬과 이진영의 볼넷으로 찬스를 이어 나갔고, 바뀐 투수 곽도규를 상대로도 문현빈과 황영묵이 볼넷을 골라내면서 2-2 동점을 만들었다. 계속된 만루 찬스에서는 풀카운트에서 최인호가 팔꿈치에 공을 맞으면서 출루했다. 다시 밀어내기로 한화의 3-2 역전. 볼파크가 함성으로 뒤덮였다. 최인호마저 아픈 줄도 모르고 환호하며 걸어 나갔다. 이후 플로리얼의 적시타로 2점을 더 달아났다.

패전이 눈앞에 와 있던 폰세는 승리 요건을 갖추고 8회 초부터 불펜에게 마운드를 넘겼다. 8회 말 2점을 더 추가한 한화가 신구장 개막전 결과를 '7-2 승리'로 작성했다. 역사의 첫 장이기도 했다. 이 승리를 시작으로 폰세는 KBO 최다 연속 개막 후 선발승 위업을 달성했다.

쇼맨십에 리더십까지, 폰세가 어떤 투수인지 알 수 있었던 경기였다. 경기 중간 폰세가 했던 말은 동료들에게 힘을 불어넣는 외침이었다. 경기가 끝난 뒤 폰세는 "너희들을 믿는다, 한 점만 뽑으면 우리가 잘 풀릴 수 있으니 힘내자고 야수들에게 이야기했다"고 전했다.

그런데 이 메시지가 전부는 아니었던 것 같다. 폰세는 그때 선수들에게 어쩐지 유쾌한 약속을 남겼던 모양인데, 그 약속이 무엇이었는지, 또 지켜졌는지는 끝내 비밀에 부쳐졌다. 선수단이 모인 장면을 들여다보면 누군가는 진지했고, 누군가는 환하게 웃고 있었다.

4
160km/h 마무리의
등장

2024년 한화의 마무리 주현상은 23개의 세이브를 달성했다. 이글스 역사상 우완투수가 한 시즌에 기록한 가장 많은 세이브였다. 한화는 당연히 주현상 마무리 체제로 2025년을 시작했고, 그는 정규시즌 개막전이었던 3월 22일 수원 KT전부터 시즌 첫 세이브를 올렸다. 김상수에게 홈런을 맞으면서 1실점을 했으나 팀 승리를 지키는 데는 문제가 없었다.

그런데 이튿날 11회 말 끝내기 안타를 허용했다. 3월 26일 잠실 LG전에서는 마지막 이닝이 아닌 6회 말에 등판해 아웃카운트를 하나밖에 잡지 못하고 2실점을 했다. 이튿날 김경문 감독은 주현상을 1군 엔트리에서 제외하며 김서현을 새로운 마무리로 쓰겠다고 알렸다.

투수들은 대개 선발의 자리를 선망한다. 갓 프로에 입단한 젊은 선수들이라면 더욱 그런 편인데, 특이하게도 김서현은 신인 시절부터 마무리에 대한 꿈이 컸다. 한 경기에서 많은 이닝을 소화하는 것보다, 많은 경기에 나가는 것이 좋다고 했다. 2023년 데뷔해 프로의 벽을 절감했던 김서현이 첫 시즌 유일하게 갖고 있는 기록이 세이브 한 개였다.

타고난 선수였다. 초등학교 6학년 때 키가 이미

178cm. 또래들과는 달라도 확실히 달랐다. 큰 키에 배구부 제안도 받았지만 "배구보다 야구가 훨씬 재미있어서" 야구를 시작했다. 현재 한화의 불펜 포수인 친형 김지현이 먼저 야구의 길을 밟고 있었다. 그렇게 글러브를 낀 김서현은 어릴 때부터 남다른 공을 던졌다.

> 김서현 "140km/h가 나온 게 중 2때였나 그럴 거예요. 그때까지는 솔직히 빠르다고 느끼진 못했어요. 기사가 나고 하니까 '그렇게 빠른가?' 했었는데, 중3 올라가서 애들이 타이밍을 못 잡는 걸 보고 '빠르긴 하구나' 하는 생각이 많이 들었죠."

타자들이 점수를 도통 내지 못하면서 세이브 기회를 잡지 못하다 3월 29일 KIA전에서 5-4로 단 한 점 앞선 9회 초 마운드에 올랐다. 김서현은 선두 박재현에게 볼넷을 내줬지만 김규성에게 슬라이더로 헛스윙 삼진을 잡았다. 이어 최원준의 유격수 땅볼로 2사 1루. 김서현은 대타 김선빈에게 유격수 땅볼을 이끌어 내면서 그대로 경기를 끝냈다. 김서현의 시즌 첫 세이브이자 대전 신구장에서 나온 역사

적인 1호 세이브였다. 신구장 역사에 이름을 아로새기며 '클로저' 김서현의 시대가 열렸다.

이후 내 자리가 맞다는 듯 흔들리는 모습도 없이 빠른 속도로 세이브를 쌓았다. 4월 25일 대전 KT전에서 1-1로 맞선 8회 초 등판해 실점하면서 패전투수가 됐지만, 이튿날 2-1 한 점 차 리드 상황에서 허경민을 유격수 땅볼로 처리한 뒤 장성우와 문상철에게 슬라이더로 연속 삼진을 잡고 깔끔하게 팀 승리를 지켰다. 공 9개로 경기를 끝낸 김서현은 전날의 아쉬움을 토해 내듯 강하게 포효했다.

김서현 "설명이 어려울 정도로 힘들었어요. 마무리 하고 나서 처음으로 패전이 된 거라 그냥 필승조를 했을 때보다 충격이 더 컸던 것 같아요. 양상문 코치님이랑 저희 친형한테 상담을 요청했는데, 마운드에서부터 너무 생각이 많아서 그런 것 같다, 오늘은 던질 때 너무 많이 생각하지 말고 넌 파워 피처니까 무조건 그거 하나만으로 밀고 나가면 이길 수 있다는 얘기를 들었고, 그렇게 던졌어요."

4월까지 9개의 세이브를 올린 김서현은 5월 4일 광주 KIA전에서 데뷔 첫 두 자릿수 세이브를 완성했다. 3-1로 앞선 9회 초 마운드에 오른 김서현은 3볼-1스트라이크의 불리한 볼카운트에서 빠른 직구로 잇따라 위즈덤의 방망이를 헛돌게 했다. 김도영에게는 초구에 우전 안타를 맞았는데, 전광판에 이 공의 구속이 161km/h가 찍혔다. 트랙맨 공식 기록으로는 160.5km/h. 김서현은 1사 1루에서 최형우와의 풀카운트 승부 끝 157km/h 직구로 헛스윙 삼진. 김선빈은 슬라이더 세 개를 던져 3루수 땅볼로 돌려세우며 10번째 세이브를 완성했다.

> **김서현** "사람들이 마무리가 천직인 것 같다고 얘기를 많이 해 주셨는데, 그렇게 생각을 해 본 적은 없는데 마무리로 나가서 더 성적이 더 좋아지다 보니까 조금씩 '마무리가 천직인가' 그런 생각이 들긴 했어요."

이후 12개의 세이브를 더 추가하며 22세이브로 전반기를 끝냈다. 블론세이브는 단 2개. 마무리 첫해라는 점을 감안하면 더 대단한 수치였다. 김서현은 그렇게 '마무리로

서' 한화는 물론 리그를 대표하는 선수가 됐다. 활약을 인정받은 그는 올스타전 팬 투표에서 역대 최다 득표인 178만 6,837표를 얻으며 전체 1위의 영예를 안았다. 선수단 투표에서도 1위를 차지하며 생애 첫 '베스트12'로 뽑힌 김서현은 대전에서 열린 올스타전에서도 마지막 이닝을 장식했다.

기분 좋게 시작한 후반기, 7월 22일 잠실 두산전에서 23번째 세이브를 달성한 김서현은 7월 30일 대전 삼성전 세이브로 지난해 주현상의 기록을 제쳤다.

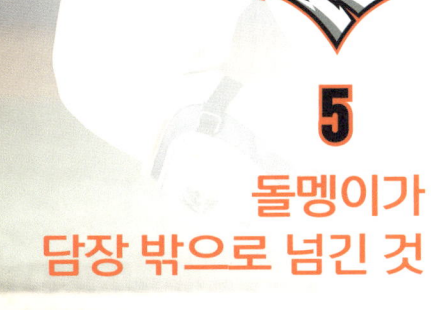

5
돌멩이가
담장 밖으로 넘긴 것

더 내려갈 것도 없을 것 같던 타격감은 바닥을 뚫고 지하로 향하고 있었다. 한화는 4월 4일 대구 삼성전에서 원태인과 김태훈, 송은범 세 명의 선수를 상대로 단 3안타밖에 치지 못했고, 0-5로 완패를 당했다. 팀 타율은 기어이 1할 7푼대를 찍었다.

이튿날에는 그나마 3회에 첫 득점이 나왔다. 0-1로 끌려가던 한화는 3회 초 황영묵의 볼넷과 상대 실책, 노시환의 적시타를 묶어 1-1 동점을 만들었다. 하지만 곧바로 역전을 허용했고, 7회가 끝났을 때 스코어는 1-5. 식을 대로 식은 한화의 방망이로는 4점 차를 만회하기 벅차 보였다. 8회 초 임창민이 올라와 김태연이 삼진, 노시환이 1루수 뜬공으로 잡히면서 2아웃.

그때 문현빈이라는 선수가 온몸으로 외쳤다. 한화 이글스는 포기하지 않는다고. 임창민을 마주한 문현빈은 무려 10구의 승부를 벌였다. 초구 포크볼에 방망이가 맞지 않았지만 문현빈은 공을 걷어 내고, 걷어 내고, 또 걷어 냈다. 한 번의 헛스윙, 한 번의 볼, 일곱 번의 파울을 기록한 문현빈은 10구 133km/h 포크볼을 받아쳐 끝내 타구를 오른쪽 담장 밖으로 넘겼다.

솔로 홈런이었지만 1점 이상의 환희를 안기는 홈런이었다. 문현빈의 홈런 뒤로 곧바로 플로리얼의 2루타가 나오면서 기세가 이어졌고, 여기에 이진영의 투런포까지 터지면서 한화가 완전히 분위기를 가져왔다. 4-5, 한 점 차. 한화가 지고 있었지만 압박을 받는 쪽은 오히려 삼성이었다.

삼성도 호락호락한 팀은 아니었다. 8회 말 김헌곤의 솔로포로 한 점을 달아나며 한화의 추격을 뿌리쳤다. 9회 초에는 김재윤 상대 황영묵이 중견수 뜬공, 이도윤이 2루수 땅볼로 아웃되면서 삼성의 승리가 가까워지는 듯했던 그때, 임종찬이 8구 끝에 볼넷으로 출루했고, 노시환이 좌전안타를 치고 나가면서 1, 2루 찬스를 만들었다. 남은 아웃카운트는 단 하나, 타석에는 다시 문현빈이 들어섰다.

문현빈은 신중했다. 초구 직구를 건드려 파울을 만든 그는 이어진 포크볼이 스트라이크가 되면서 불리한 카운트에 몰렸지만, 볼 2개를 지켜보며 카운트 싸움을 이어 나갔다. 5구 파울, 그리고 6구 타격. 맞자마자 홈런이라는 직감이 왔다. 문현빈이 받아친 공은 또 한 번 라이온즈파크의 담장 밖으로 향했다. 역전 스리런. 문현빈이 그라운드를 돌며 포효했다. 문현빈은 "여태까지 야구를 하면서 가장 좋았던

순간"이라고 얘기했다. 리드를 가져온 한화는 마무리 김서현이 9회 말을 공 11개로 막고 경기를 끝냈다. 4월 5일 대구 삼성전. 끝날 때까지 끝난 게 아니라는 이 진부한 표현을 쓸 수밖에 없는 경기였다.

> **문현빈** "뭔가 됐다, 정말 이제 좀 풀리겠구나, 이런 생각을 했던 것 같아요. 저뿐만 아니라 다른 선배님이나 형들도 잘 맞은 타구가 정면으로 가는 게 많았거든요. 이렇게 안 되나 싶었는데, 이번에 제가 홈런을 치면서 '혈이 좀 뚫렸구나' 생각했던 것 같아요."

신인 시절부터 뛰어난 타격 재능을 보였던 문현빈은 내외야를 겸하며 경기에 나서 데뷔 시즌 역대 7번째 고졸 신인 100안타를 달성했다. 올 시즌을 앞두고 스프링캠프에서는 3루수 백업으로 내야 연습만 했는데, 시즌 초반 지명타자로 몇 차례 선발로 나서다 그나마도 선발 라인업에서 이름이 빠졌고, 4월 4일 처음으로 좌익수 교체 출전했다. 그리고 터진 두 방의 홈런이었다. 포지션도, 출전 기회도 들쑥날쑥한 상황에서 문현빈은 "경기에 나갈 수만 있다면 어디

든지 상관없다"고 말했다.

연타석 홈런으로 팀을 구한 문현빈은 다음 날 곧바로 4번 타자 겸 중견수로 조금은 낯선 곳에 배치됐다. 전날 드라마 같은 역전승으로 한화에게도 반전이 찾아왔다, 라는 뻔한 스토리를 주지 않는 게 야구였다. 어제 일은 깨끗하게 잊었다는 듯 힘겨운 싸움을 했다. 삼성 데니 레예스에게 7회까지 21개의 아웃카운트가 쌓이는 동안 출루 한 번이 없었다. 안타도, 볼넷도, 야수 실책마저 없었다. 7이닝 퍼펙트.

이번에도 한화를 구한 건 문현빈이었다. 8회 초 선두 타자로 나선 문현빈이 레예스의 2구 커터를 타격, 우익수 앞에 떨어지는 안타를 만들어 냈다. 레예스의 퍼펙트와 노히트가 모두 깨졌다. 이미 정해져 있던 투구수 제한을 넘기고 새 역사에 도전했던 레예스는 결과를 겸허히 받아들이고 이호성에게 마운드를 넘겼다. 그러나 투수가 바뀌어도 달라진 건 없었고, 경기 첫 안타를 기록한 문현빈의 배팅을 마지막으로 한화는 0-10 완패 중의 완패를 당했다.

달라진 게 있다면 삼성전 이후 김경문 감독은 잠시 문현빈의 타격 재능을 믿기 시작했다. 좌익수 경험이 거의 없다시피 한 문현빈이었지만 주어진 역할 적응에는 그리 오

랜 시간이 걸리지 않았다. 5월 중순부터는 붙박이 좌익수, 3번 타자로 경기에 나서며 한화 타선의 중심을 지켰다.

자신에게 찾아온 찬스를 놓치지 않은 문현빈은 데뷔 첫 두 자릿수 홈런 등 모든 타격 지표에서 커리어 하이를 달성했고, 팀 내 유일한 규정타석 3할 타자이자 한화 이글스 선수 중 21세의 나이에 가장 많은 안타를 친 선수로 이름을 올렸다.

문현빈 "저한테는 많이 뜻깊은 것 같아요. 어떻게 보면 두 자릿수 홈런이라는 게 엄청 대단하지는 않을 수도 있지만, 작은 체구에도 불구하고 했다는 게 저에게는 큰 의미가 있어요. 나도 할 수 있다, 나도 홈런 칠 수 있다는 그런 자신감을 갖게 해 준 그런 수치인 것 같아요."

문현빈의 '돌멩이'라는 별명은 그의 북일고 1년 선배인 키움 히어로즈 박찬혁이 고교 시절 붙여 준 별명이다. 어떻게 이렇게 딱 어울리는 별명을 생각해 냈을까. 돌멩이의 사전적 의미는 '돌덩이보다 작은 돌'이다. 문현빈 스스로 말했듯 체구는 조금 작을지 몰라도, 그에게는 누구보다 강인한 힘과 흔들림 없는 마음가짐이 있다. 그래서 우리는, 이 작고 단단한 선수에게 열광할 수밖에 없다.

6

도대체 너네 왜 그러냐?

문현빈의 역전 스리런의 여운은 하루를 넘기지 못했다. 4월 6일 삼성 레예스를 상대로 한화의 방망이는 다시 차게 식다 못해 얼어붙었고, 득점은커녕 1루 베이스 한 번 밟지 못하고 침묵에 빠져 있었다.

여전히 출루가 없던 6회 초 1사 주자 없는 상황, 이재원이 레예스의 5구 슬라이더를 타격했다. 타구는 3루수 방향으로 흘렀고, 이 타구에 이재원이 1루까지 몸을 날렸다. 헤드 퍼스트 슬라이딩. 발 느리기로 이름난 이재원이었지만 간절하게 달렸다. 하지만 결과는 아웃이었다. 비디오 판독을 신청했으나 판정이 번복되는 일은 없었다.

몸을 던져 살아 나갔다면 더 좋았겠지만 아무래도 괜찮았다. 이 베테랑 포수의 투혼이 말해 주는 것은 분명했다.

이재원 "너무 게임이 안 풀리니까. 방망이가 안 맞을 때는 미팅을 해서 쓴소리하기가 애매합니다. 수비 쪽에서 실수가 나오면 뭔가 할 수 있는데, 방망이는 못 치고 싶은 사람 없잖아요. 그냥 많은 말 안 하고 '선배 이렇게 하니까, 해라' 이런 느낌으로 한 거예요. 어떻게 보면 하지 말아야 하는 플레이인데, 보여 주려고 한 거죠. 감독님이 '고맙다, 그거면 됐다' 하시더라고요."

이런 노력에도 분위기는 좀처럼 살아나지 않았다. 단 1안타로 가까스로 퍼펙트 수모를 면했을 뿐, 0-10 대패를 당했다. 이날 경기 후 한화의 팀 타율은 0.169까지 떨어졌다. 다른 팀들이 승리의 기쁨을 만끽하며 이곳저곳으로 자리를 잡아 가는 사이 한화는 여전히 10위에 머물렀다.

최하위의 이유는 명명백백했다. 13경기를 치르는 동안 출루율이 0.264, 장타율이 0.264로 말도 안 되는 꼴찌였다. 5할대 OPS는 한화가 유일했다. 팀 평균자책점은 4.61로 평균 수준이었다.

채은성 "좀 힘들었죠. 제가 선수들 대표로 주장을 하고 있고 올 시즌은 또 새로운 구장에서 뭔가 기대감이 큰 상황이었는데, 사실 저도 처음 봤거든요. 1군에서 야구하면서 그렇게 전체적으로 다 못한 적이 있었나 싶을 정도로…. 다른 선배들한테 전화도 진짜 많이 받았어요. 도대체 너네 왜 그러냐, 어떻게 안 돼도 이럴 수

가 있냐, 은퇴하신 형님들한테도 전화를 많이 받았어요."

진짜 강팀은 위기가 없는 팀이 아니라 위기를 잘 극복하는 팀이다. 올해도 아닌 건가, 어쩔 수가 없나. 기대감이 좌절이 되어 무겁게 가라앉을 때쯤, 한화가 생존의 호흡을 시작했다.

8일 대전 두산전에서 11회 연장 끝 5-6으로 아쉽게 진 한화는 이튿날 5-4 한 점 차 승리를 거두고 2연패를 끊었다. 10일에는 13안타 7득점이 나왔고, 와이스의 7$\frac{2}{3}$이닝 2실점 호투를 더해 완벽한 투타 조화로 위닝시리즈를 완성했다.

이지풍 코치 "은성이랑 방에서 2시간 얘기했나? 그때 했던 얘기 중에 하나가 그거예요. 고깔이 위에서 보면 무슨 모양인지 알아요? 정면에서 보면 삼각형이지만 위에서 보면 동그라미예요. 팀 타율이 1할로 끝날 일은 없다, 이런 말도 안 되는 상황에서 다 져야 하는데 4승이나 했다는 건 얼마나 대단한 거냐, 불안해하지 마라. 이제 잘될 일만 남았다고 얘기했죠."

11일 대전 키움전에서도 5회까지 6-0으로 앞서고 있었다. 이제는 '타선이 살아났다'고 평가할 만했다. 선발 류현진도 6이닝 무실점으로 호투하고 마운드를 내려갔다.

그런데 7회 초 찝찝한 실점이 나왔다. 박상원이 올라와 박주홍과 김건희를 각각 초구, 3구에 뜬공으로 돌려세우면서 손쉽게 2아웃을 잡았다. 김웅빈에게는 볼넷을 내주면서 2사 주자 1루 상황, 포수 최재훈의 포일이 나오면서 김웅빈이 2루까지 진루했다. 곧바로 장재영의 적시타로 1실점. 바로 이어진 전태현 타석에서는 초구에 뜬공을 이끌어 냈으나 중견수 플로리얼의 포구 실책이 나왔다. 이닝이 끝났어야 할 시점에 1·3루 위기가 이어졌고, 대타 김태진 타석에서 폭투가 나오면서 키움에 한 점을 더 헌납했다. 점수는 금세 3점 차가 됐다. 집중력이 흐트러진 모습, 이재원이 말했던 '뭔가 할 수 있는' 상황이었다. 이재원이 선수들을 모아 메시지를 전달하는 모습이 중계 화면에 잡혔다.

> **이재원** "수비 쪽에서 집중을 안 하면 미팅을 하죠. 누구나 열심히 하고, 못하고 싶은 사람 없지만 그런 상황에서는 무조건 집중하고 이겨야 한다고요. 실수 덮

으려면 무조건 쳐라, 이렇게 얘기했어요."

선수단의 짧은 미팅 후 한화가 한 번 더 불을 뿜기 시작했다. 7회 말 플로리얼과 문현빈의 백투백 홈런으로 단숨에 흐름을 가져온 한화는 노시환 2루타, 채은성 볼넷 후 김태연과 이진영의 연속 안타, 최재훈의 땅볼에 점수를 추가하면서 10-2를 만들었다. 심우준 볼넷, 최인호 안타로 이어진 만루 찬스에서는 플로리얼의 희생플라이와 문현빈의 적시타로 2점을 더 추가했다.

7회 말에만 7점을 뽑아낸 한화는 12-2로 낙승을 거뒀다. 우연일 수도, 우연이 아닐 수도 있는 장면이었다. 보이지 않았던 한화의 불꽃이, 위를 향해 꿈틀대기 시작했다.

7
괴물 앞에서 포효한 괴물

4월 15일 문학 SSG 랜더스전, 선발투수 폰세가 SSG 타자들을 상대로 7이닝 동안 허용한 안타는 단 1개에 불과했다. 탈삼진은 12개. 이날 기준으로 외국인 한 경기 최다 탈삼진 기록인 14개에 2개가 모자란 수치였다. 경기가 끝난 후 만난 폰세에게 탈삼진 기록에 관한 질문을 던지자 그는 이렇게 말했다.

> **폰세** "내가 깨고 싶은 기록은 오직 하나, 류현진의 기록이에요. 그 기록을 알게 된 후 류에게도 매일 얘기했어요. 류는 웃으면서 행운을 빈다고 했죠."

류현진은 2010년 5월 11일 청주구장에서 열린 LG 트윈스와의 경기에서 17탈삼진으로 KBO 역대 정규이닝 최다 탈삼진 기록을 작성했다. 당시 5년 차였던 류현진은 9이닝 5피안타(1피홈런) 17탈삼진 1실점으로 완투승을 거뒀다. 무려 124개의 공을 던져 27개의 아웃카운트를 모두 책임지면서 세운 대기록이었다. 그 후 15년 동안이나 이 기록에 근접한 사례조차 없었다. '불멸의 기록'이 될 거란 평가가 지배적이었다. 충분히 위력적인 구위를 자랑하고 있던 폰세였지만, 그날 그를 둘러쌌던 수많은 취재진 속에서 폰세가 정말로 류현진을 넘어설 수 있을 거라 생각한 사람은 아무도 없을지도 몰랐다. 폰세의 유쾌한 미소 속에 얼마나 진심이 담겨 있었을지는 알 수 없었다.

폰세는 다음 등판이었던 4월 20일 울산 NC 다이노스전에도 7이닝 1피안타 무실점을 기록했고, 이날은 삼진 1개를 더 추가해 13개의 삼진을 솎아 냈다. 폰세의 여섯 번째 등판이었다. 슬슬 그를 바라보는 시선이 달라지기 시작했다. 이 선수, 생각보다 '더' 보통이 아니구나.

그렇게 폰세는 호투 행진, 연승 행진을 이어 가고 있었다. 그리고 5월 17일, SSG 랜더스전. 16일 등판 예정이었던 폰세는 경기가 비로 취소되면서 하루를 더 쉬고 더블헤더 1차전 선발로 나섰다. 팀이 3연패에 빠져 있던 이때, 폰세가 SSG 최지훈, 박성한, 최정으로 이어지는 상위 타선을 K-K-K로 돌려세우며 평범하지 않은 출발을 알렸다. 하지만 SSG 선발 김광현도 만만치 않은 상대였고, 두 투수의 호투 속에 0-0의 팽팽한 승부가 이어졌다. 폰세가 이미 4회 초까지 9개의 삼진을 잡은 상황에서 한화가 4회 말 이도윤과 최재훈의 연속 안타를 엮어 어렵사리 선취점을 뽑아냈다. 이

경기의 처음이자 마지막 득점이었다.

폰세는 계속해서 SSG 타자들을 묶고 있었다. 6회 초 아웃카운트 3개를 모두 삼진으로 잡아낸 그는 7회 초 올라오자마자 박성한을 슬라이더로 낫아웃 삼진 처리하며 외국인 선수 한 경기 최다 탈삼진 신기록을 작성했다. 이후 최정에게도 삼진을 추가해 16K로, 7회까지 투구수는 97개.

8회 초에도 마운드에 오른 폰세는 선두 타자 라이언 맥브룸에게 커브와 체인지업, 직구를 차례로 던져 삼구삼진을 잡았다. 17탈삼진. 누구도 다가서지 못할 것 같았던 류현진의 그 숫자에, 팀 동료인 폰세가 도달하는 순간이었다. 맥브룸의 방망이가 세 번 연속 헛돌자 대전이 떠나갈 듯한 함성이 터져 나왔다. 팬들은 "폰세"를 연호하며 역사의 현장에서 목소리를 높였다. 17번째 삼진을 잡고 류현진을 향해 인사한 폰세는 팬들의 환호 속 마운드 주변을 서성이고, 주저앉고, 호흡을 가다듬었다. 이유를 가늠할 수 없는 움직임에 한화 벤치도 숨죽였던 이때, 이내 폰세가 손으로 눈물을 훔쳤다.

최재훈 "17K 했을 때 폰세를 봤는데 울고 있더라고요.

왜 울고 있지? 아, 현진이 형이랑 똑같이 해서 그랬구나. 근데 제 머릿속에서 '아직 안 끝났는데' 그러고 있었죠."

감정을 추스른 폰세는 다음 타자 최준우를 마주했고, 체인지업으로 루킹삼진을 잡으면서 18번째 삼진을 새겼다. KBO 역대 정규이닝 최다 탈삼진 신기록이자 한 경기 최다 탈삼진 타이 기록. 이때까지 단 하나의 안타도 맞지 않았던 폰세는 이후 연속 안타를 맞으며 위기에 몰렸으나, 실점 없이 이닝을 마무리하면서 위대했던 이날의 투구를 마무리했다. 9회 초에는 마무리 김서현이 마운드에 올라 삼진 2개를 추가, KBO 정규이닝 역대 최다 20탈삼진을 합작하며 1-0 승리를 완성했다. 폰세는 마운드에서 내려와 눈물의 의미에 대해 설명했다.

폰세 "2017년에 돌아가신 어머니가 제 곁에 계신 느낌이었어요. 8회에 올라갈 때도 그 느낌 때문에 에너지와 감정이 한꺼번에 밀려왔어요. 관중석에서 지켜보셨으면 했지만, 하늘에서 보고 계셨을 거라 생각해요."

더그아웃으로 온 폰세는 류현진과 진한 포옹을 나눴다. LA 다저스 시절부터 류현진을 응원했고, 언제나 "그와 한 팀에서 뛰는 것 자체가 영광"이라고 표현했던 '팬' 폰세는 류현진과 같은 유니폼을 입고, 류현진이 지켜보는 앞에서, 자신이 예고한 대로 류현진의 기록을 넘어섰다. 폰세에게도 의미 있는 기록이었지만 류현진, 그리고 한화 이글스라는 팀에게도 벅찬 감동을 선사하는 장면이었다.

류현진 "좋았어요. 만약에 다른 팀 선수였으면 조금 그랬을 건데 우리 팀 선수가 제 기록을 제가 보는 앞에서 깼기 때문에, 정말 축하해 줬어요. 요즘은 그때처럼 120구, 130구까지 안 던지니까 쉽지 않을 거라고 생각했거든요. 근데 너무 쉽게 해서 정말 대단한 것 같아요. 그날 공이 옆에서 봐도 너무 좋았어요."

폰세의 탈삼진 행진은 이날로 끝이 아니었다. 매 경기 꾸준하게 'K'를 그린 폰세는 9월 2일 대전 NC전에서 2021

년 아리엘 미란다가 갖고 있던 225개를 넘고 KBO리그 단일 시즌 최다 탈삼진 신기록을 작성했다. 또 한 번 KBO 역사를 새로 쓴 폰세에게, 류현진의 기록을 넘겠다고 했을 때 얼마나 진심이었냐고 물었다. 그는 "0%였다"고 답했다.

폰세 "사실 그건 농담으로 한 말이었고, 실제로 그렇게 될 거라고는 전혀 생각하지 못했어요. 우리는 모두 목표를 세우고, 꿈을 꾸잖아요. 그건 정말 멋진 꿈이었고 가질 수 있다는 게 참 좋았어요. 그렇지만 이뤄질 거라고는 생각 못 했죠. 그래서 감사할 따름이에요."

시즌 전 인터뷰에서 KBO 최초의 퍼펙트게임을 달성하고 목에 '1'을 새기고 싶다고 말했던 폰세는, 왼쪽 귀 뒤에 '18K'를 타투로 남기기로 했다.

4월 13일 대전 키움전으로 말할 것 같으면, 기분 좋은 1승이었다 할 수 있겠다. 선발 문동주는 6이닝 비자책 1실점으로 시즌 첫 퀄리티스타트와 함께 시즌 첫 승을 달성했고, 김범수와 박상원, 한승혁, 김서현으로 이어지는 필승조가 실점 없이 뒷문을 막았으며, 타격감이 살아난 타선은 17개의 안타를 쳤고, 13개의 잔루가 있었지만 7-1 승리를 거두면서 위닝시리즈로 일주일을 끝내는, 그런 1승. 당시엔 그랬다. 그러나 시즌이 끝난 지금 돌이켜보면, 그 1승은 분명 위대한 시작이나 다름이 없었다.

문학으로 이동한 한화는 SSG 랜더스와의 3연전을 모두 쓸어담았다. 4월 15일 승리는 2-0 진땀승. 선발 폰세가 7이닝 동안 단 1개의 안타만 맞고 12개의 삼진을 솎아 냈고, 단 2점을 앞선 상황에서 필승조 한승혁과 김서현이 1이닝을 무실점으로 막고 경기를 끝냈다. 막강한 SSG를 상대로 마운드의 저력을 보여 준 경기이기도 했다.

4월 16일에는 0-2로 끌려가다 채은성의 솔로포와 노시환의 투런포로 점수를 뒤집고 10-4 역전승을 거뒀다. 4월 17일에도 2점을 먼저 내줬으나 노시환과 플로리얼의 적시타로 역전에 성공했다. 이날 4-2, 2점 차에서 등판한 조동욱과 정우주는 데뷔 첫 홀드를 올렸다.

주말 대전에서는 NC 다이노스와의 3연전을 싹쓸이 했다. 4월 18일 12-4 대승을 거뒀고, 엄상백이 이적 후 4경기 만에 첫 선발승을 기록했다. 다시 차례가 돌아온 문동주는 5이닝을 무실점으로 막았고, 5회 초 정식 경기가 성립되자마자 비가 쏟아지면서 강우 콜드게임이 선언되면서 첫 완투승을 기록하는 행운까지 누렸다. 4월 20일은 폰세의 7이닝 13K 무실점과 노시환의 결승 홈런, 문현빈의 4타점을 앞세운 7-1의 압승이었다.

4월 22일은 비로 경기가 취소됐고, 4월 23일에는 롯데 선발 반즈를 두드려 1회부터 5점을 뽑아내는 빅이닝으로 기분 좋은 출발을 했다. 하루를 더 휴식한 와이스는 삼진 12개를 잡으면서 안정적으로 마운드를 지켰다. 경기 후반 4-6까지 쫓겼고, 9회 말 김서현이 1사 1·2루의 위기에 몰렸지만 윤동희에게 병살타를 이끌어내고 팀의 8연승을 완성했다.

4/13(일) 대전 키움전

문동주 6이닝 3피안타 무사사구 6탈삼진 1실점(1자책점)

4/15(화) 문학 SSG전

폰세 7이닝 1피안타 3사사구 12탈삼진 무실점

4/16(수) 문학 SSG전

와이스 6이닝 7피안타 1사사구 10탈삼진 2실점

4/17(목) 문학 SSG전

류현진 5⅓이닝 6피안타 2사사구 2탈삼진 2실점

4/18(금) 대전 NC전

엄상백 5이닝 7피안타 2사사구 3탈삼진 4실점

4/19(토) 대전 NC전

문동주 5이닝 5피안타 2사사구 7탈삼진 2실점

4/20(일) 대전 NC전

폰세 7이닝 1피안타 무사사구 13탈삼진 무실점

4/23(수) 사직 롯데전

와이스 6이닝 8피안타 무사사구 12탈삼진 2실점

창단 첫 8연속 선발승 기록. 이 기간 한화 선발진은 평균자책점 2.28을 기록했다. 선발들의 안정감이 워낙 좋기도 했지만, 불펜 역시 평균자책점 2.18로 1위, 팀 타율도 0.345로 1위를 차지하며 투타 밸런스가 좋았다. 다 함께 만든 8연

승이었다.

>>>
한화는 4월 24일 사직 롯데전에서 3-5 패배를 당하며 8연승이 끊겼지만, 9연승 재도전의 기회는 생각보다 더 빨리 찾아왔다.

4월 25일 대전 KT전에도 패하면서 2연패에 빠진 한화는 바로 다음 날인 4월 26일 다시 KT를 잡으면서 빠르게 연패를 끊었다. 문동주는 7⅔이닝 1실점의 호투를 펼쳤고, 2-1의 살얼음판 승부에서 이번에도 한승혁과 김서현이 리드를 지키고 경기를 끝냈다. 다시 한번 문동주의 승리를 시작으로, 한화의 질주가 이어졌다. 4월 27일에도 KT를 4-3 한 점 차로 이겼다.

4월 29일에는 대전에서 LG를 만났고, 3월 첫 시리즈에서 7이닝 무실점으로 묶였던 송승기에게 패전을 안겼다. 또 3-2의 1점 차 승부. 4월 30일에는 1-2로 끌려가다 5-2 역전승을 일궈 냈다.

5월 1일 LG전이 우천으로 취소되고 5월 2일 광주 KIA전에서는 연장전을 벌였다. 2-2 동점에서 11회 초 노시환의 솔로포가 터졌고, 1⅓이닝을 무실점으로 장식한 정우주가

데뷔 첫 승의 기쁨을 만끽했다.

5월 3일은 다시 비. 월요일 어린이날 경기 편성으로 9연전이 예정되어 있었는데, 중간중간 비가 오면서 휴식을 취할 수 있는 행운도 따랐다. 5월 4일에는 3-1로 또 2점 차로 이겼고, 5월 5일 삼성 라이온즈와의 경기에서 3-1, 6일에도 3-1로 승리하면서 8연승을 완성했다. 시즌 두 번째 8연승을 하기까지는 단 13일밖에 걸리지 않았다.

류현진 "저에서 끊기지 않기를 간절히 기도했고, 이제 다음 폭탄은 동주에게 넘어간 것 같아요. 지금 선수들이 너무 잘해 주고 있어서, 지금처럼 계속해서 싸웠으면 좋겠어요."

폭탄이 문동주 차례에서 터지는 일은 없었다. 한화는 5월 7일 10-6으로 승리하며 9연승을 달성했고, 4월 9일 10위였던 한화는 5월 7일 마침내 단독 1위까지 올라섰다. 그리고 이후 키움 히어로즈와의 3연전 도합 40안타 24득점을 만든 한화는 12연승까지 기록을 늘렸다.

5월 승률 0.600으로 1위. 한화는 6월 잠시 주춤하며

LG에게 1위 자리를 잠시 내주기도 했지만 긴 연패 없이 시즌을 꾸려 나가며 전반기 내내 최상위권을 유지했다. 그리고 6월 15일 단독 1위로 복귀한 한화는 전반기 마지막 두 번의 시리즈, 고척 키움전과 대전 KIA전을 모두 쓸어담고 6연승을 질주하고 1992년 빙그레 이글스 이후 33년 만에 순위표 가장 높은 곳에서 전반기를 끝냈다.

후반기가 시작되고도 승리가 이어졌다. 후반기 첫 경기였던 7월 17일에는 전국적인 비로 5경기 모두 열리지 않았고, 18일 한화가 KT를 5-0으로 꺾었다. 하루를 쉬고 등판한 폰세는 6이닝 2피안타 8K 무실점으로 여전히 건재함을 과시, 불패 신화를 이어 가고 있었다.

그리고 7월 18일, 한화는 KT와 우중 혈투를 벌이고 있었다. 궂은 날씨 탓인지 와이스와 헤이수스가 모두 난조를 보이며 나란히 3이닝 5실점으로 물러났고, 4회까지 5-5 동점. 5회 초 노시환이 우규민을 상대로 솔로 홈런을 치면서 6-5의 리드를 가져왔다. 이후 비가 내렸다 그쳤다를 반복하며 경기가 두 차례 중단됐다. 지루한 대기가 이어졌다. 한화로서는 그대로 경기가 끝나야 했다. 결국 폭우로 그라운드가 흠뻑 젖으면서 심판이 나와 경기를 더는 진행할 수 없다

는 뜻으로 팔로 엑스를 그렸고, 강우 콜드게임으로 그대로 경기가 끝났다. '하늘이 도운' 한화의 시즌 세 번째 8연승이었다.

노시환 "난리가 났죠! 심판님이 나와서 엑스 표시할 때 뭐 우승한 줄 알았어요."

KBO리그 역사에서 한 시즌에 세 번이나 8연승 이상을 기록한 건 단 4차례 있었다. 1985년 삼성 라이온즈, 1993년 해태 타이거즈, 2000년 현대 유니콘스, 2016년 두산 베어스에 이어 한화가 다섯 번째. 한화는 이날 이후로 7월 20일 KT를 10-0, 7월 22일 두산 베어스를 2-1로 꺾으면서 10연승을 채웠다.

9
리베라토
아니면 플로리얼

이보다 최악의 출발이 있을까. 한 시즌 농사의 절반은 외국인 선수가 쥐고 있다는데, 에스테반 플로리얼은 정규시즌이 개막하고 꼬박 4경기 동안 안타 하나를 치지 못하고 있었다. 시범경기에서는 나쁘지 않았는데, 개시라도 하면 좋으련만 타율이 0.000이라니. 그러던 플로리얼은 5번째 경기였던 3월 27일 잠실 LG전, 한화가 3경기 연속 팀 완봉패를 당하기 직전이었던 9회 초 1타점 적시타를 치면서 가까스로 KBO 첫 안타를 신고했다.

>>

뉴욕 양키스 최고 유망주 출신의 플로리얼은 신사다운 면모를 갖춘 선수였다. 한화와 입단 계약을 하는 날에는 정장 차림으로 참석해 격식을 갖췄고, 팀 관계자들과의 식사 자리에서도 언제나 셔츠를 입고 예의를 다했다. 그라운드에서는 에너지를 아끼지 않고 내뿜었지만, 바깥에서는 언제나 몸과 마음을 단정히 다스렸다.

손혁 단장 "지금까지 내가 만난 외국인 선수 중에 '사람으로서' 누가 1등이냐고 물으면 나는 플로리얼 같아요. 매너도 좋고, 예의도 있고. 훈련을 봐도 번트를 대든, 베이스를 밟든, 날씨가 40도든, 비가 오든, 어떤 순간에도 한 번도 빼놓지 않고 했어요."

자꾸만 어긋나는 타이밍에 조급할 법도 했지만 어떤 내색도 하지 않았다. 무안타 기록이 17타석 넘게 이어지고 있던 상황이었지만 플로리얼은 오히려 다른 선수들을 위로하고 있었다.

김태연 "플로리얼이 제 멘탈을 챙겨 주던데요. 잘 맞은 거 다 잡히고 짜증 내고 그러니까 '괜찮다, 잘하고 있다, 나올 때 나온다' 오히려 이렇게 말해 줬어요."

어렵게 첫 안타는 나왔지만 이후에도 지지부진. 여전히 순위표를 거꾸로 읽어야 이름을 찾을 수 있었던 플로리얼이었지만 서서히 페이스를 끌어올리기 시작했다. 플로리얼의 반전과 함께 한화의 상승세에도 탄력이 붙었고, 플로리얼은 4월 월간 타율 3할을, 한화는 16승 8패로 월간 승률 1위를 차지했다.
톱타자가 맞는 옷인지, 리드오프를 맡기 시작하면서

부터는 완전히 안정세에 접어들었다. 5월 21일 창원 NC전부터 1번 타자로 나선 플로리얼의 성적은 70타수 22안타 4홈런 7타점으로 타율 0.314를 기록했다. 확실히 상승 곡선을 그리고 있던 시점, 플로리얼에게 불운이 닥쳤다.

6월 8일 광주 KIA전. 이날도 플로리얼은 1번 타자 겸 중견수로 선발 출전했고, 2타점 적시타와 2루타, 희생플라이로 활약했다. 그런데 6-6 동점이던 연장 10회 초 1사 2루 상황, KIA 마무리 정해영의 빠른 공이 6번째 타석에 들어선 플로리얼의 오른쪽 손등을 강타했다.

플로리얼의 손등은 예상보다 상태가 좋지 않았다. 정밀 검진 결과 뼛조각이 떨어져 나갔다는 진단을 받았고, 한화는 플로리얼이 부상당한 지 9일 만에 6주 대체 외국인 선수 루이스 리베라토의 영입을 발표했다.

〉〉〉

리베라토는 외국인 타자 후보 명단에 이미 이름이 올라 있던 선수 중 한 명이었다. 플로리얼의 부상 공백이 길어질 것으로 보이자 한화는 최대한 빠르게 리베라토를 데려왔다. 리베라토의 멕시코리그 성적이 삼성 라이온즈 르윈 디아즈가 멕시코에서 뛰었을 당시의 스탯과 비슷하다는 점에 주목하며 희망을 걸었다.

첫인상부터 강렬했다. 6월 22일 대전 키움전에서 데뷔전을 치른 리베라토는 2루타 1개를 포함해 3안타 1타점 1득점으로 첫 무대부터 존재감을 드러냈다. 그다음 경기에서는 무안타에 그쳤지만 이후 연속해 멀티히트를 쳤고, 6월 28일 문학 SSG전에서 데뷔 5경기 만에 첫 홈런을 터뜨렸다. 그것도 역전 스리런. 7월 3일 대전 NC전에서는 4안타가 나왔다. 가끔 아쉬운 수비가 나오기도 했지만 방망이 하나는 확실했다. 무엇보다 득점권에서의 존재감이 압도적이었다. 전반기 15경기에서 리베라토의 득점권 타율은 무려 6할에 달했다.

그사이 선택의 순간이 다가오고 있었다. 올스타 휴식기까지 겹치며 리베라토를 지켜볼 수 있는 시간은 더 짧았다. 리베라토의 한 달 남짓한 활약을 근거로 플로리얼의 복귀를 기다리거나, 리베라토와의 연장 계약을 결정해야 했다.

고민의 지점은 분명했다. 리베라토는 좋은 결과를 내고 있었지만 BABIP(Batting Average on Balls In Play: 인플레이 타구 타율)가 높은 편이었다. 계속해서 비슷한 성적을 유

지할 수 있을지 장담하기 어려웠다. 반대로 잘하고 있던 리베라토와 이별했을 때의 리스크 역시 존재했다. 숙고를 거듭한 끝에 한화는 리베라토의 흐름에 승부를 걸기로 했다.

후반기가 시작한 후 며칠 더 리베라토를 지켜보고 결정할 수도 있었지만, 플로리얼을 위해 조금은 빠르게 결단을 내렸다.

김경문 감독 "한쪽은 기다리고 있고, 한쪽도 약간 불안한 상태잖아요. 빨리 결정해 주는 게 낫지. 플로리얼한테는 각별히 고마운 점도 많고 또 미안한 점도 있어요. 본인도 많이 아쉬울 거예요. 하지만 부득이하게 결정을 해야 되니까, 그게 프로의 세계가 아닌가 싶고……."

리베라토는 정식 계약이 발표된 날, 4타수 3안타 2득점을 기록하며 팀의 믿음에 화답했다.

이후로도 걱정했던 것만큼 성적이 수직 낙하하는 일은 없었다. 리베라토는 선수들의 플레이에, 선수들은 리베라토의 플레이에, 끝까지 함께 환호했다.

10
2025년 7월 31일

트레이드 마감일이었던 7월 31일 오후 8시 5분, 두 개의 메일이 동시에 도착했다. 보낸 이는 한화 이글스, 그리고 NC 다이노스. 외야수 손아섭과 현금, 2026 신인드래프트 3라운드 지명권을 교환한다는 내용이었다.

손아섭 트레이드 소식을 전달받은 두 구단의 홍보팀은 발표 시각을 고심할 수밖에 없었다. 경기 전에 내자니 선수들에게 영향이 갈까 우려가 됐고, 경기가 끝난 뒤에 내자니 KBO에 공문을 보내는 순간 비밀 유지가 되지 않을 게 뻔했다. 그래서 경기 중에 보도자료를 합의 봤다가, 한 매체의 단독 보도가 나오게 되면서 발표 시점을 앞당겨 보도자료를 배포했다. 트레이드가 성사된 후 공식 발표가 되기까지는 2시간이 채 걸리지 않았다.

대전에서는 한화 삼성의 경기가 한창이었다. 한화가 이미 2회 만에 5점을 뽑아내고 앞서 있던 그때, 포털사이트가 손아섭의 한화행으로 뒤덮이자 온오프라인 할 것 없이 팬들이 술렁이기 시작했다. 한화 팬들에게는 당연히 '대박' 소식이었다. KBO 최다 안타 기록을 갖고 있는 베테랑 타자가 한화로 온다니. 그것도 아무도 내주지 않고! 애초에 누가 오느냐만큼 누가 가느냐가 중요한데, 투수 유망주들이 줄

줄이 거론되고 있던 상황이라 한화 팬 입장에서는 이 트레이드의 기쁨이 배로 느껴질 법했다.

그날 야구판을 뒤흔든 건 경기 결과가 아니라 트레이드였다. 실제로 발표 이후 경기가 어떻게 흘러갔는지 기억하는 이는 많지 않다. 아무래도 좋았다. 7월 31일, 중요한 건 손아섭이 한화 유니폼을 입게 됐다는 사실이었다. 최다 안타라는 역사가 한화로 옮겨왔다.

>>

NC와 KIA 타이거즈의 3 대 3 트레이드가 불과 사흘 전이었다. 며칠 전 떠나는 후배들을 격려하고 응원했던 손아섭은, 자신에게도 작별의 인사를 건네야 할 차례가 올 것이라고는 상상조차 하지 못했다.

손아섭 "저녁에 집에서 누워서 야구 보고 있었는데, 운영팀장팀께서 전화로 이야기를 해 주셔서 들었습니다. 멍하긴 했어요. 트레이드는 처음이다 보니까 실감이 나지 않았던 부분도 있었는데, 차분하게 마음을 가라앉히고 생각해 봤을 때 나에게는 또 다른, 정말 좋은 기회가 될 수 있겠다는 생각이 더 컸던 것 같습니다."

손아섭은 트레이드 이튿날 곧바로 한화 선수단에 합류했다. 옆구리 통증으로 부상자 명단에 올랐던 그는 서서히 훈련 강도를 높이며 '한화의' 손아섭으로 경기에 나설 준비를 했다. 그리고 8월 7일 대전 KT전, 한화가 4-2로 앞선 8회 말 2사 주자 3루 상황 대타로 이적 후 첫 타석에 들어섰다. 손아섭의 이름이 소개되고, 손아섭이 등장하자 팬들은 뜨거운 함성으로 그를 반겼다. 이제는 '이글스의 오빠'가 된 손아섭의 등장곡을 마음껏 외치며 열렬히 응원했다. 손아섭은 볼넷을 얻어 출루하며 홈팬들에게 첫인사를 했다.

첫 선발 출전은 선두 경쟁 중인 LG 트윈스와의 경기였다. 8월 8일 1번 지명타자로 선발 라인업에 이름을 올린 손아섭은 1안타 1타점으로 기대에 화답했다. 9일에도 안타 하나를 치고 독수리 발톱 세리머니를 선보였다.

8월 10일에는 '손아섭다운' 플레이로 한화에게 승리를 안겼다. 3회 초와 5회 초 땅볼과 2루타로 타점을 올리고 2-0을 만든 손아섭은 2-2 동점을 허용한 7회 초 무사 1루 상

황, 장현식과 무려 10구 승부를 벌인 끝에 볼넷으로 출루했다. 이어 바뀐 투수 김진성의 폭투 후 리베라토의 희생플라이에 대주자 심우준이 홈을 밟으며 한화의 3-2 리드. 이때 3루까지 입성한 손아섭이 이어진 문현빈의 1루수 땅볼 타구에 홈을 향해 내달렸다. 그런데 1루수의 송구가 먼저 홈에 도착하며 아웃 타이밍. 손아섭은 포수 박동원의 태그를 살짝 피해 슬라이딩을 하면서 홈플레이트를 쓸고 득점에 성공했다. 손아섭의 득점으로 점수를 벌린 한화는 이날 5-4로 진땀승을 거뒀다.

김경문 감독 "아섭이는 상대랑 싸울 줄 알아요. 그러니까 달리 2,500안타를 쳤겠어요? 후배 타자들은 그 선배가 2,500안타를 어떻게 쳤는지를 배울 필요가 있어요. 유튜브 보지 말고, 운동장에 나와서 그런 걸 보라는 거죠."

손아섭은 한화에게 선발 라인업을 채우는 것 이상을 안겼다. 한화가 손아섭을 데려오기로 결정했을 때 기대한

모습이기도 했다. "내 주변 5명의 평균이 내 모습이라는 말이 있다. 사람은 주변 환경의 영향을 많이 받는다는 뜻"이라고 전한 이지풍 트레이닝 코치는 최근 한화의 '평균'이 올라갔다고 확신한다. 채은성의 합류가 첫 번째였고, 손아섭이 또 한 번 팀을 새로운 단계로 끌어올렸다.

특히 노시환은 손혁 단장에게 직접 "고맙습니다"라고 메시지를 보낼 정도로, 손아섭과 함께 야구를 한다는 사실에 진심으로 행복해했다. 실제로 노시환은 손아섭 합류 이후의 성적이 눈에 띄게 좋았다. 손아섭에 대해 얘기하는 노시환의 얼굴은 연신 싱글벙글이었다.

"그게 우연의 일치일까요, 아니면 진짜로 영향이 있는 걸까요?"

노시환 "영향이 있죠, 진짜! 일단 뭐, 든든함? 그냥 같이 있으면 웃겨요. 안 질려요, 안 질려."

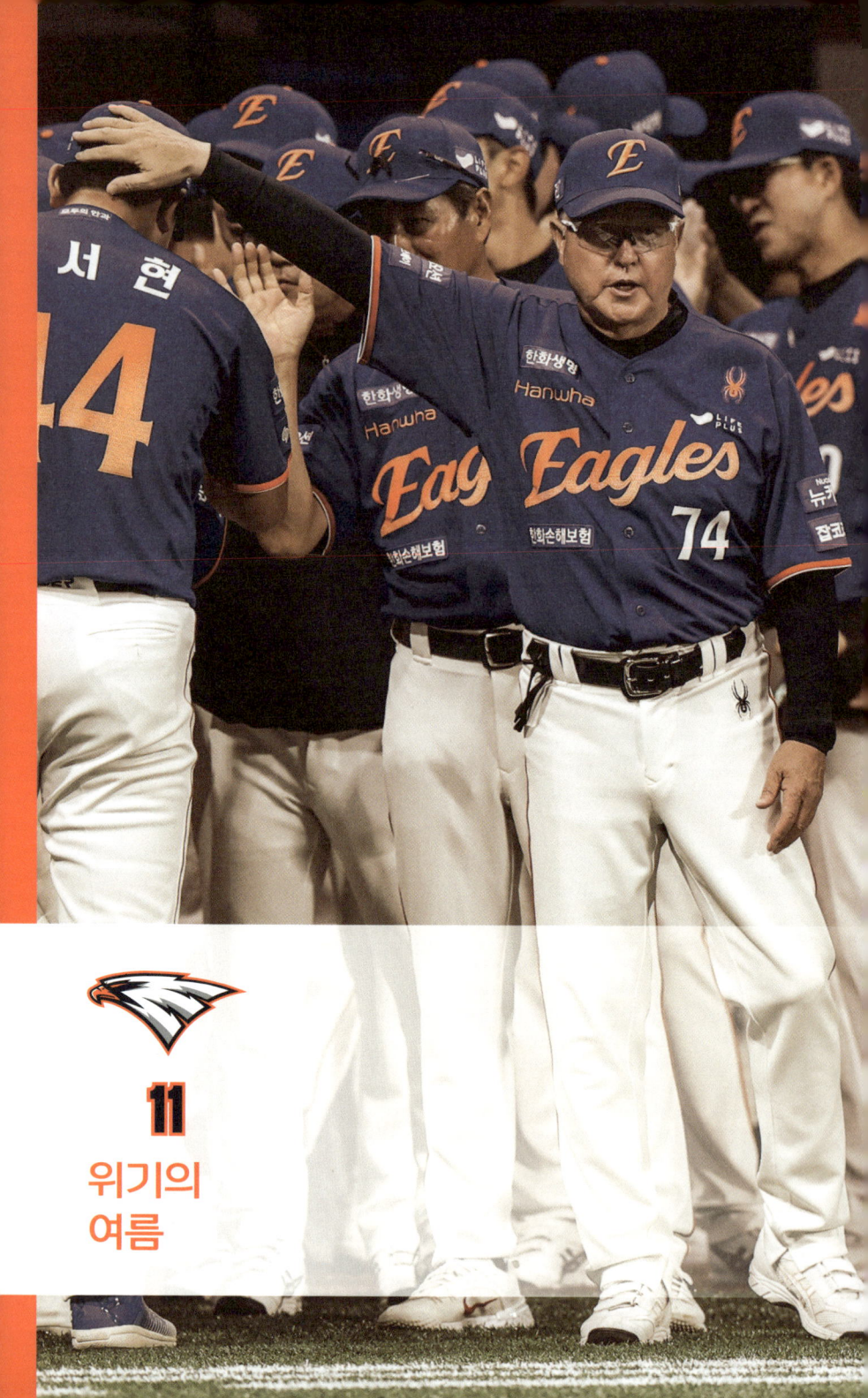

11
위기의 여름

4.5경기를 앞선 1위였지만 주장 채은성은 1위나 한국시리즈에 대한 질문에 최대한 말을 아꼈다. 올스타 브레이크 기간 그는 "당연히 최종 목표는 1위겠지만, 선수들에게도 아직 설레발을 칠 때가 아니라고 얘기한다"면서 "가장 더울 때가 가장 힘을 내야 하는 순간"이라고 말했다.

>>
애석하게도 한화는 가장 뜨거운 여름, 기대만큼의 힘을 내지는 못했다. 한화가 못했다기보단 LG가 너무나 강력했다고 보는 편이 맞았다. LG는 후반기가 열리고 12경기에서 10승 2패라는 무시무시한 성적표로 제대로 상승세를 탔다. 한화도 7승 4패로 나쁘지 않았지만, 야구는 언제나 상대적인 게임이었다. 더 강한 바람을 등에 업은 팀 앞에서 밀린다는 사실을 부정할 수는 없었다.

LG의 기세는 8월 들어서도 여전한 반면 한화는 조금씩 투타 밸런스에 균열이 생기기 시작했다. 피로가 누적된 불펜이 눈에 띄게 흔들렸고, 타자들도 집중력을 온전히 유지하지 못한 채 결정적인 순간마다 방망이가 무뎌지는 모습을 보였다. 작은 아쉬움들이 모여 경기의 흐름을 바꿨다.

8월 5일 대전 KT전에서 선발 문동주는 7이닝 2피안타 1사사구 10탈삼진 무실점으로 완벽투를 펼쳤다. 개인 최다 탈삼진 기록이었다. 선발이 더 이상 할 수 있는 건 없었다. 타자들이 문동주에게 안긴 점수는 2점. 그런데 필승조 한승혁과 김서현이 아웃카운트 하나밖에 잡지 못하고 각각 3실점, 2실점으로 무너졌다. 한화는 2-5로 졌고, 중계 화면에는 포수 최재훈이 김서현을 질책하는 듯한 모습이 잡혔다.

최재훈 "혼낸 건 아니었어요. 스물두 살 마무리가 세이브를 그렇게 많이 했다는 건 최고라는 거잖아요. 서현이한테 '넌 우리 팀의 마무리다. 최고의 마무리인데 자신감이 보이지 않는다'고 했고, 네 볼 못 치니까 한가운데 던지라고 얘기했는데 갑자기 서현이가 울더라고요. 정말 잘하고 있다고 칭찬하면서 그런 표정은 내일은 드러내지 않았으면 좋겠다고 했어요. 마지막으로 머리 쓰담쓰담해 줬는데, 그건 다들 못 봤나 봐요."

따뜻한 말로도 하루 만에 회복세를 찾기는 어려웠다.

눈물을 보인 이튿날, 김서현은 팀이 5-1로 앞선 9회 초 마운드에 올랐으나 ⅔이닝 3실점을 하면서 경기를 끝내지 못했다. 교체된 한승혁이 올라가 간신히 위기를 진화하면서 5-4 한 점 차 승리를 거둘 수 있었다. 김서현은 "숨고 싶었다"고 했다.

> 김서현 "블론으로 경기 진 것도 처음이고, 그 전부터 조금씩 안 좋아지기 시작하다가 한 번에 그렇게 되다 보니까……. 그날 좀 안 좋았는데도 재훈 선배님이 잘하고 있다고 그렇게 얘기해 주시니까 더 잘해야 한다는 생각이 많아지면서 갑자기 눈물이 나왔어요."

한화가 주춤하는 사이 LG와의 격차는 무섭게 줄어들었다. 결국 공동 1위 자리를 내줬고, 8월 7일 KT에게 4-5 한 점 차 패배를 당하면서 선두를 빼앗기고 2위로 내려앉았다. 곧바로 이어진 두 팀의 맞대결에서는 내리 2연패를 당하며 분위기를 완전히 내줬다.

> 김서현 "그냥 생각을 비우려고 했는데 안 비워지고 생

각이 더 많아졌어요. '나가면 좋아지겠지' 했는데 계속 안 좋아지다 보니까, 그냥 8월이 빨리 지나가면 좋겠다는 생각도 했죠."

>>>
    8월의 한화는 유독 기복이 심했다. 1위는 내줬지만 5연승을 내달리며 LG와의 간격을 유지했다. 하지만 이후 6연패에 빠졌다. 이어지는 대체 선발들의 조기 강판에, 8월 21일 두산을 만난 류현진은 잘 던지다 만루홈런을 맞고 6실점을 했다. 8월 22일 SSG를 상대로는 폰세가 7이닝 9K 무실점을 했는데도 단 한 점의 득점 지원을 받지 못해서 0-1로 졌다.

    하지만 이후 다시 5연승. 6연패를 끊은 건 직전 경기에서 1⅔이닝 7실점을 했던 황준서였다. 황준서는 6이닝 무실점 퀄리티스타트로 승리투수가 됐고, 다음 날 김서현이 3점 차에 등판해 삼진 2개를 곁들여 5경기 만에 깔끔한 세이브를 올렸다. 그 다음은 1-1 동점에서 문현빈의 9회 초 결승 홈런. 그리고 문동주가 10승을 했고, 이튿날 정우주의 무결점 이닝이 나왔다. 그렇게 한화는 파도를 타는 법을 배웠고,

폭풍을 타고 달릴 수 있는 팀이 됐다.

김서현 "이번에는 안 좋았을 때 왜 안 좋았는지 확실히 알게 됐어요. 이제 그런 일이 있으면 금방 극복할 수 있을 것 같아요."

황준서 "항상 못할 때는 '잘할 때도 있겠지' 생각했고, 또 잘할 때는 언제 아쉬울지 모르니까 좀 더 준비를 열심히 했어요. 코치님께서도 타자를 상대하는 방법이나 어떻게 생각을 해야 하는지에 대해서 많이 얘기를 해 주시면서 멘탈을 많이 잡았어요. 뭔지는 비밀이에요."

12

청춘의
케미스트리

장충고 황준서는 2024 신인 드래프트에서 가장 먼저 이름이 불린 선수였다. 안정적인 제구력을 갖춘 완성형 선수라는 평가가 자자했다. 그만큼 기대감이 컸고, 슈퍼루키라 불린 이 '전체 1순위' 선수의 1군 첫 등판 기회는 생각보다 빨리 찾아왔다. 2024년 3월 31일 대전에서 펼쳐진 KT 위즈와의 경기, 정규시즌이 개막한 지 이제 막 일주일이 된 참이었다. 그리고 이날 황준서는 호투하며 5이닝 1실점으로 데뷔 첫 등판에서 선발승을 거뒀다. KBO리그 역대 10번째 프로 데뷔전에서 승리투수가 된 고졸 신인. 한화 소속 선수로는 2006년 4월 12일 류현진 이후 18년 만이었다.

그로부터 42일 후, 황준서의 동기 조동욱이 배턴을 넘겨받았다. 황준서와 장충고에서부터 함께한 조동욱은 황준서에 이어 2라운드 전체 11순위로 한화 유니폼을 입었다. 같은 학교 출신의 좌완투수 두 명이 나란히 1라운드, 2라운드에 지명되는 흔치 않은 케이스였다. 5월 12일 대전 키움전에서 선발투수로 1군 데뷔전에 나선 조동욱 역시 첫 등판부터 센세이션을 일으켰다. 6이닝 비자책 1실점으로 데뷔전 선발승. 황준서에 이어 고졸 신인 11번째였고, 6년 만에 나온 고졸 신인의 데뷔전 퀄리티스타트였다. 그 이후 두 선수의 이야기는 '프로의 벽을 실감했다'는, 여느 신인들과 크게 다르지 않은 결말로 흘러갔다.

2025년의 출발은 조금 달랐다. 조동욱은 1군 스프링캠프 명단에 올랐지만 황준서의 이름은 없었다. 김경문 감독은 황준서가 몸을 더 탄탄히 만들고, 보완할 부분을 보완한 뒤 합류하길 바랐다. 조동욱은 이지풍 트레이닝 코치의 프로그램을 소화하며 체중 6kg을 늘리고 자신의 두 번째 시즌을 준비했다. "2~3km/h 구속만 늘면 기회를 주겠다"는 양상문 투수코치의 약속에 보란 듯이 구속을 끌어올렸다. 시즌 초반 김경문 감독이 5선발로 쓰겠다고 얘기하기도 했지만 기회가 닿지 않아 불발됐고, 불펜에서 궂은일을 도맡았다. 2025년의 조동욱은 구원승과 선발승, 홀드와 세이브를 모두 챙겼다. 조동욱이 올 시즌 어떤 역할을 했는지가 고요하면서도 분명하게 드러나는 기록이다. 어떤 상황이든 마운드에 올라 묵묵히 자신의 공을 던졌다.

조동욱이 다양한 숫자들을 쌓은 반면 황준서의 기록은 신인 시절에 멈춰 있었다. 2024년 5월 29일 롯데전에서 데뷔 첫 퀄리티스타트와 함께 선발승을 올린 이후 승리가 없었고, 5월 21일 대전 NC전 엄상백의 대체 선발로 시즌 첫

선발 등판 기회를 잡았다.

> **황준서** "서운한 것보다는, 좀 열받았다? 오히려 저한테 생각할 시간도 있었고, 그래서 좀 좋았어요. 2군에서는 열심히 먹고 그냥 진짜 운동만 했어요. 콜업 되고선 기분이 진짜 너무 좋아서 계속 웃으면서 갔어요. 또 잘해야 되겠다는 생각도 들고……."

하지만 좀처럼 승운이 따르지 않았다. 중간중간 생긴 선발진 공백에 기회가 간헐적으로 찾아왔지만 어떤 날은 선발로서 제 몫을 다하고도 타선 지원을 받지 못했고, 어떤 날은 시작부터 크게 무너지며 힘겨웠다. 후반기 5선발로 낙점을 받았으나 투구 내용이 널을 뛰었다. 2년 차, 아직은 성장 과정에 있는 선수였다. 구원승 한 번으로 시즌 기록에 '1'을 올렸지만 선발승은 여전히 450일이 넘도록 없었다. 그런 황준서가 가장 반짝였던 순간은, 팀이 가장 위기에 처했을 때였다.

한화가 6연패에 빠져 있던 8월 23일 대전 SSG전, 선발 마운드에 오른 황준서는 6이닝 동안 사사구 없이 3피안타 6탈삼진 무실점으로 쾌투했다. 1-0의 아슬아슬한 리드 상황에서 승리 요건을 갖추고 내려갔으나 점수가 뒤집히는 일은 없었다. 황준서 뒤로 올라온 불펜도 무실점으로 점수를 지켰고, 타선은 늦게나마 5-0까지 점수를 벌렸다. 그리고 9회 초, 2사 1·2루의 위기 상황에서 정우주에게서 마운드를 넘겨받은 조동욱이 슬라이더 2개로 김성욱을 땅볼 처리하고 경기를 끝냈다. 조동욱의 공으로, 451일 만에 황준서의 선발승이 완성되는 순간이었다.

> **황준서** "뭔가 조금 기분이 이상했던 것 같아요. 제가 시작하고 동욱이가 끝냈다는 게 뭔가, 여기 한화 이글스 같이 입단하면서 꿈꿔 왔던 순간이 아니었나……."

이 말을 조동욱에게 전하자 돌아오는 답변은 제법 쿨했다.

> **조동욱** "기분이 왜 이상해요? 저는 제가 막아 주고 생색내고 싶었기 때문에 나가고 싶었어요."

13

우주라는 이름의
우주

2024년 11월, 아직 고등학교도 졸업하지 않은 만 18세 어린 투수의 공을 본 양상문 투수코치가 말했다.

양상문 투수코치 "빠른 공을 던지는 투수치고는 공을 굉장히 부드럽게 던진다, 그게 정말 좋은 장점이에요. 우리가 150km/h 넘는 투수들이 던지는 걸 보면 힘이 많이 들어가는 느낌이 있잖아요. 근데 이 친구는 그게 없어요. 저는 그게 매력이라고 보거든요. 정교함이 생기면 훨씬 더 좋은 투구가 되겠는데, 지금 가지고도 승부는 충분히 될 것 같습니다."

마무리캠프 기간 김경문 감독을 비롯한 코칭스태프에게 눈도장을 찍은 정우주는 스프링캠프 명단에도 포함됐고, 1차 멜버른, 2차 오키나와 스프링캠프를 성공적으로 완주했다. 지적받은 투구 동작을 하루 만에 고쳐 올 만큼 감각이 탁월했다. 프런트와 현장 모두 고개를 끄덕였고, 정우주는 당당히 개막 엔트리에 이름을 올렸다. 정식으로 프로 무대에 발걸음을 내디딘 그는 데뷔 첫 등판부터 첫 삼진, 첫 피안타와 첫 실점, 첫 홀드와 첫 승까지 갖가지 기록을 씩씩하게 쌓아 나갔다.

성공도 실패도, 기쁨도 아쉬움도 모두 경험이라는 단어로 적히는 시간. 그러나 이제 막 여정을 시작한 이에게는 바로 눈앞의 파도에도, 아직 가 보지 않은 심연에도 두려움이 따라오기 마련이다. 적응했다고 생각했을 때 배신감을 안기는 냉정한 세계이기도 했다. 정우주는 어떻게든 방법을 찾아 나갔다. 이글스 40주년 기념 화보 촬영으로 만난 '아버지뻘' 레전드 투수 정민철 해설위원을 보자마자 커브를 던지는 법을 물어본 당돌한 신인은, 자신이 가야 할 길을 미리 밟은 선배에게 서슴없이 고민을 털어놓기도 했다.

정민철 해설위원 "2군에 가는 게 싫다고, 두렵다고 하더라고요. 꼬마들은 그러거든. 그래서 한 번 내려갔다 와도 된다고 했죠. 서로 문자를 주고받는데, '선배님 저 콜업 될 것 같습니다!' 이렇게 느낌표로 막 와. 그런 게 참 예쁘더라고요. 애가 또 입술도 두껍잖아."

6월 처음으로 2군으로 내려가 한 달여 재정비의 시간을 가진 정우주는 1군으로 돌아와 한 뼘 성장한 모습을 보

여 줬다. 8월 8일 잠실 LG전에서는 1-1 동점 상황에서 올라와 박동원에게 3구 삼진을 잡고 거칠게 포효하기도 했다. 마운드에서는 늘 포커페이스였던 정우주에게선 낯선 모습이었다.

> **정우주** "사실 투수라면 누구나 타이트한 상황에 올라와서 막는 걸 꿈꿀 텐데, 저도 그런 순간을 꿈꿨고 2군에 내려갔을 때도 그런 상상을 매일 하면서 연습했어요. 사실 선배님들이 쉬는 날이 아니면 그런 상황에 올라가기 힘든데, 저를 믿고 써 주셨는데 결과까지 좋아서 저도 모르게 포효를 한 것 같습니다. 저는 그 순간 제가 되게 멋있다고 생각했는데, 영상으로 보니까 그건 제 환상이더라고요."

8월 28일 고척 키움전에서는 놀라운 기록을 새겼다. 팀이 8-3으로 앞선 7회 말 무사 주자 1·2루 위기에서 마운드에 오른 정우주는 직구만 9개를 던져 세 타자를 3구 삼진으로 돌려세웠다. 9구 3탈삼진은 KBO리그 역사를 통틀어도 단 10번밖에 없었던 '사건'이었다.

투수 조동욱: 투수 정우주로 교체

1OUT 3번 타자 임지열 3구 삼진

1구 헛스윙 151km/h **직구**

2구 스트라이크 151km/h **직구**

3구 헛스윙 153km/h **직구**

2OUT 4번 타자 김웅빈 3구 삼진

1구 스트라이크 152km/h **직구**

2구 스트라이크 152km/h **직구**

3구 헛스윙 153km/h **직구**

3OUT 5번 타자 카디네스 3구 삼진

1구 스트라이크 152km/h **직구**

2구 헛스윙 153km/h **직구**

3구 헛스윙 153km/h **직구**

정우주의 공 하나하나에 고척돔이 술렁였다. 원래도 두각을 나타내던 유망주였지만, 이날은 좌중을 압도하

는 힘이 남달랐다. 정우주라는 투수의 또 다른 차원을 발견한 듯했다. 공교롭게도 이날은 폰세와 키움 히어로즈 송성문의 플레이를 확인하기 위해 메이저리그 스카우트가 대거 몰린 날이었다. 무려 11개 팀의 스카우트들이 운집해 경기를 관전했는데, 그런 상황 속에서 정우주가 '신 스틸러'가 된 셈이었다. 스카우트들은 정우주의 투구를 흥미롭게 지켜봤고, 직구 9개로 삼진 3개를 잡고 이닝을 끝내자 박수를 보낸 이들도 있었다. 한화 더그아웃에서는 농담 반 진담 반 '정우주를 미국으로 보내야 한다'는 얘기가 터져 나왔다.

경기 후, 직구 9개만 받고 1이닝을 끝낸 포수 이재원에게 정우주에 대해 물었다. 극찬에 극찬을 더하는 그의 얼굴에는 미소가 떠나지 않았다.

이재원 "정우주, 내가 볼 때 은퇴할 때까지 오늘 같은 볼 못 던진다! 뻥 안 치고 내가 여태까지 받아 본 직구 중에 제일 좋았어요. 진짜 말도 안 되게 던졌어. 우주한테는 얘기 안 했는데, 이런 공 다시 던질 수 있을까, 할 정도로 직구 9개 그냥 다 좋았어요. 심판이랑 저랑 그냥 '우와' 9번 하고 끝났습니다. 은퇴하기 전에 그런 볼 받아서 영광입니다. 선배 마지막 가는 길에 이런 볼 한번 잡게 해 주네."

14

대전왕자,
스스로 쓴 왕관

"즐겁지가 않습니다."

6월 26일 대구 삼성전, 시즌 6승. 5²⁄₃이닝 1실점으로 잘 던지고 승리투수가 된 날이었다. 승리 소감을 묻는 첫 질문에 입으로는 기분이 좋다고 답했지만, 문동주의 얼굴에서 기쁨의 표정을 찾기가 어려웠다.

문동주는 앞선 5월 25일 대전 롯데전에서 4²⁄₃이닝 6실점을 한 뒤 1군 엔트리에서 제외됐다. 4회까지 잘 던지다 5회에만 6점을 내주면서 와르르 무너졌다. 김경문 감독은 "팔 스윙 자체에서 피로도가 느껴졌다"고 문동주의 말소 이유를 전했다.

문동주의 공백이 생각보다 길어지자 어떤 이들은 그가 요령을 피운다는 근거 없는 의심을 품었다. 대응하지 않는 사람을 공격하는 건 쉬운 일이었고, 생각 없이 휘두른 비난의 칼날이 그에게 닿지 않았을 리 없었다. 1차 지명, 신인왕, 국가대표, 선발투수. 사람들의 기대감은 문동주에게 곧 책임감이자 부담감이었고, 안 그래도 짊어진 것들이 많았던 그에게 이런 말의 파편들은 덩어리가 되어 더 큰 무게로 그를 짓눌렀을 터였다.

1군 선수단과 동행하며 묵묵히 복귀를 준비한 문동주는 6월 15일 대전 LG전에서 21일 만에 복귀했다. 문동주는 이날 3²⁄₃이닝 4실점으로 아쉬움을 남겼지만, 강했던 삼성을 상대로 오랜만에 승리를 챙겼다.

문동주 "예상했던 것보다 길어졌고, 그사이에 너무 많은 얘기들과 일들이 있었던 것 같아서……. 빨리 좋은 경기 결과를 보여서 잠도 편하게 자고 싶고 그랬는데, 오늘은 편하게 잘 수 있을 것 같습니다."

"부담이 많아요?"

문동주 "없다고 하면 거짓말인 거 같아요. 사실 예전에는 있어도 없다고 했는데, 요즘에는 있는 게 확실한 것 같아요."

"10승 욕심도 있을 텐데."

문동주 "못 하면 안 될 거라고 생각하고, 10승을 한다기보다 '해야만 한다'라고 생각을 하고 있어요. 팀이 좋은 성적을 내고 있어서 제가 잘한다면 충분히 그 이

상도 바라볼 수 있기 때문에 스스로도 욕심이 생기는 해인 것 같아요."

좀처럼 웃지 않는 문동주에게, 부담이 너무 많아 보인다고 하자 "즐겁지가 않습니다."라는 말이 돌아왔다. 신인 시절부터 언제나 밝은 모습만을 보여 줬던 문동주였기 때문에 조금은 충격적인 대답이었다. 그런 문동주를 향해 베테랑 기자 한 명이 입을 열었다. "그러면 안 돼, 너무 혼자 어깨에 모든 걸 다 짊어지려고 하지 마요. 안 아프고 던지다 보면 10승 해요. 편안하게 던져." 그 말을 가만히 들으며 "네." 하고 대답하는 문동주의 표정은 웃는 듯도, 우는 듯도 했다.

힘겹다면 힘겨운 시간을 보낸 문동주는 그 이후 안정적으로 로테이션을 돌며 팀을 이끌었다. 7월 2승을 더 추가했고, 8월 5일 KT전에서는 7이닝 10K 무실점으로 데뷔 첫 한 경기 두 자릿수 탈삼진을 기록했다. 160.7km/h의 빠른 공을 던지기도 했다. 신구장에서 처음으로 나온 160km/h 이상의 공. 8월 10일 LG전에서도 6이닝 2실점 퀄리티스타트로 승리투수가 되면서 '개인 한 시즌 최다' 시즌 9승을 올

렸다.

다음 목표는 데뷔 첫 두 자릿수 승리. 8월 16일 창원 NC전 선발투수로 나선 문동주는 1회부터 4점을 내주고 시작했지만 곧 밸런스를 찾았고, 한화 타선도 추격을 시작하고 있었다. 2-4에서 4회 말 삼진 또 삼진으로 2아웃. 그런데 이어진 최정원과의 승부, 볼카운트 1-1에서 문동주의 3구 슬라이더를 받아친 최정원의 타구가 문동주의 오른팔로 향했고, 공을 맞은 문동주가 마운드 위에 쓰러졌다.

야구장에서는 수많은 소리가 들린다. 그 소리가 어떤 언어보다 상황을 정확하게 전해 주기도 한다. 문동주가 타구에 팔을 맞고 쓰러진 순간의 적막은 그 어떤 소리보다 더 크게 경기장을 흔들었다. 지켜보는 모두에게 최악의 시나리오가 스쳐 지나갔다.

마운드를 떠났던 문동주는 아이싱을 마치고 더그아웃으로 돌아와 웃으며 경기를 관전했다. 다행히 상상했던 비극은 없는 듯했다. 이튿날 진행된 엑스레이 검진에서도 특이 사항은 발견되지 않았고, 부기가 빠진 뒤의 상태를 지켜보기로 했다. 곧 복귀전은 열흘 후인 8월 27일 고척 키움전으로 정해졌다.

오른팔을 맞은 후 첫 등판이었으나 걱정이 무색하게 내용과 결과 모두 더할 나위가 없었다. 야수 실책으로 선취점을 줬지만 공 98개로 6이닝 3피안타 3사사구 7탈삼진 비자책 1실점을 기록했다. 팀은 3-1 승리로 4연승 질주. 문동주의 데뷔 첫 10승이었고, 문동주의 10승으로 한화는 2007년 이후 18년 만에 세 투수 동반 두 자릿수 승리를 달성했다.

처음으로 10승 고지를 밟은 문동주는 동료들의 축하 물세례를 맞으며 누구보다 환하게 웃었다. 흠뻑 젖은 양말을 벗어던지고 인터뷰에 나선 문동주에게, 전반기의 그늘은 간데없었다.

> **문동주** "제가 작년이나 재작년까지만 해도 6회까지 끌고 가지 못하고 일찍 무너졌을 상황이었는데, 그래도 잘 끌고 나가서 좋은 결과 있었던 것 같습니다. 그런 부분에서는 좀 더 올라오지 않았나 하는 생각을 합니다."

"이제 경험이 좀 쌓인 거겠죠?"

문동주 "그 말이 하고 싶었습니다!"

문동주는 9월 20일 수원 KT전에서 또 한 번 스스로를 넘어섰다. 등판 간격이 길어지며 불펜으로 등판한 이날, 그는 KT의 4번 타자 강백호를 상대로 161.4km/h의 직구를 던졌다. 문동주가 갖고 있던 국내 선수 역대 최고 구속을 새로 쓴 공. 볼도 아니었고, 배트에 스친 공도 아니었다. 문동주는 온전히 자신의 힘으로 스트라이크존에 가장 빠른 공을 정확히 꽂아 넣었다. 수많은 증명의 요구 속에서도, 그는 흔들림 없이 뚜벅뚜벅 앞으로 나아가고 있었다.

15

아무도 모르는
눈물

7회 말 SSG 공격

투수 문동주: 투수 김종수로 교체

1루타 8번 타자 이정범 3구 **1루타**
1OUT 9번 타자 조형우 3구 **땅볼 아웃**
2OUT 1번 타자 오태곤 5구 **삼진**
3OUT 2번 타자 정준재 2구 **플라이**

찬 공기가 가시지 않은 3월 11일 한화 이글스와 SSG 랜더스의 시범경기. 김종수는 한화의 네 번째 투수로 등판해 1이닝 1피안타 1탈삼진 무실점을 기록했다. 그리 중요하지는 않은 게임, 무난한 투구, 8-0의 여유 있는 승리. 하지만 김종수에게는 절대 잊을 수 없는 하루였다. 담담하게 공을 던지고 내려온 그의 머릿속에, 켜켜이 쌓였던 시간이 파도처럼 한꺼번에 밀려들었다.

김종수 "솔직히 말씀드리면 인천에서 시범경기를 던지고 그날 버스에서 혼자 질질 짰어요. 생각하면 지금도 눈물 나요. 팔 풀 때만 좀 흥분해 있다가, 던지고 나

서 이제 이동을 하는데 엄청 눈물이 나더라고요. 재활할 때 생각이 많이 났어요. '내가 해낼 수 있구나.' 그런 감정이 많이 올라오더라고요."

>>>

2023년 팔꿈치 수술을 받은 김종수는 꽤 오랜 시간 전열에서 이탈해 있었다. 스물한 살이었던 2014년 팔꿈치 인대접합수술, 2017년 인대접합수술과 뼛조각 제거 수술에 이은 김종수의 네 번째 수술이었다. 마지막일 줄 알았지만 아니었고, 그는 또 한 번 수술대에 올랐다.

김종수 "사람들이 잘 모르는 게, 제가 2023년 3월에 한국에서 수술을 받고 11월에 일본에 가서 수술을 한 번 더 받았어요. 공을 던질 시기가 됐는데 던질 때 너무 아픈 거예요. 5m도 못 던지겠는데 병원에서는 괜찮다고 하고요. 아버지가 지푸라기라도 잡는 심정으로 일본이든 미국이든 가 보자고 하셨어요. 친형이 일본어를 잘하는데, 구단에서도 도와주셔서 형이랑 같이 일본으로 넘어가서 수술을 받았죠."

벼랑 끝에서 뻗은 손이었지만 현실은 마음같지 않았다. 또 한 번의 수술을 받고도 통증은 여전했다. 이제는 진짜 안 되겠구나. 냉정해져야 했다. 언젠가 희망의 끈을 잃을 날을 생각해 지도자 자격증까지 준비했다. 그런 와중에서도 야구공을 내려놓는 건 마지막의 마지막 선택지였다. 팔에 크림을 바르고, 테이핑을 하고, 덜 아프게, 단 한 경기라도 더 던져 보고 싶은 마음에 투구폼을 바꿔 볼 생각까지 했고 실제로 2주 정도 팔을 내려 던졌다.

김종수 "그것도 참 신기한 게, 거의 마음을 내려놓으니 팔이 점점 괜찮아졌어요. 그러면서 욕심이 나니까 팔이 조금씩 올라오고, 다시 정상적으로 던지고 그런 식으로 흘러갔어요."

»

재활의 결말은 둘 중 하나다. 포기하거나, 포기하지 않거나. 김종수는 포기하지 않았다. 3월 25일 잠실 LG전에서 930일 만의 1군 등판에 나선 그는 1이닝을 무실점으로 막았다. 이튿날에도 나와 1이닝 무실점으로 깔끔하게 연투

에 성공했다.

그리고 3월 29일 대전 KIA전, 한화가 3-4로 끌려가던 7회 초 1사 주자 없는 상황 김종수가 마운드에 올랐다. 2스트라이크에서 잇따라 볼 4개를 던지고 나성범에게 볼넷을 내줬지만, 4번 타자 최형우에게 병살타를 이끌어 내고 그대로 이닝을 끝냈다. 8회 초에도 김종수가 마운드를 책임졌고, 위즈덤 볼넷 후 다시 이우성의 병살타. 김종수는 한준수의 1루수 땅볼로 7회 말을 정리했다.

그 뒤로 한화가 역전에 성공했다. 8회 말 1사 2·3루에서 대타 안치홍의 적시타로 점수가 5-4로 뒤집혔다. 김서현이 9회 초를 막으면서 한화가 한 점 차 승리를 거뒀다. 승리 투수 김종수. 김종수의 1005일 만의 승리였다. 마지막을 생각했던 김종수에게 마운드 위의 떨림이, 만원 관중의 함성이, 승리의 기쁨이 새롭게 찾아왔다. 김종수는 "울지는 않았다. 울음이 났지만 참았다"고 했다.

야구를 그만둘 생각까지 했던 김종수는 그 어떤 해보다 많이 1군 마운드에 올랐다. 단순히 많이 던지기만 한 게 아니라, 야구의 새로운 재미를 찾았다.

김종수 "그동안은 어떻게든 살아남으려고 했다면, 지금은 같이 하는 야구가 이렇게 재미있는 거구나 느꼈어요. 정우람 선배님이 너네가 야구 더 잘하고 팀도 잘하면 훨씬 배우는 게 많을 거라는 얘기를 자주 해주셨거든요. 근데 저희는 그게 무슨 말씀인지 몰랐죠. 근데 지금 팀에 있어 보니까 그게 무슨 말씀인지 이제 좀 알 것 같아요."

16
1,296이닝의
4번 타자

한화가 한창 상승세를 탔던 5월, 정작 4번 타자 노시환의 월간 타율은 0.206을 기록했다. 5월 29일 LG전부터 6월 8일 KIA전까지 10경기에서 37타수 2안타에 그친 노시환의 시즌 누적 타율은 0.223까지 내려갔다. 순위표를 뒤집어야 간신히 노시환의 이름이 보였다. 노시환은 규정이닝을 소화한 타자 중 뒤에서 세 번째로 전반기를 끝냈다.

그렇다고 해서 노시환이 팀 승리에 아무런 영향을 끼치지 못했냐고 하면, 그것도 전혀 아니었다. 간간이라기엔 국내 선수 중 1위를 기록할 정도로 꽤 많은 홈런이 나오고 있었고, 이 홈런이 결승타로 직결되는 경우도 많았다.

노시환 "감독님께서 타율 신경쓰지 말고 홈런이랑 타점만 생각하라고 말씀해 주셔서 마음 편하게 하고 있지만, 야구선수가 전광판에 보이는 타율을 안 볼 수가 없거든요. 그게 계속 거슬린단 말이에요. 그걸 최대한 잊으려고 하고 있습니다."

김경문 감독 "저는 계속 타율 신경 안 써도 된다고 했어요. 중요할 때 잘 치잖아요. 그럼 됐지, 뭐. 수비도 잘

해 주고. 내가 볼 때 타율은 끝날 때쯤 되면 그래도 2할 7푼쯤은 가 있을 거예요. 그러니까 지금은 굳이 신경 쓸 필요 없다. 좋은 홈런이 많잖아요. 1점 홈런이지만 승리를 가져오는 홈런이 많으니까 그거보다 좋은 게 어디 있어요?"

무엇보다 노시환은 대체가 불가능한 3루수였다. 노시환의 수비에는 기복이 없었다. 9이닝씩 144경기를 뛰면 1,296이닝. 노시환은 매 경기 매 이닝 3루 베이스를 지켰고, 뛰고, 달리고, 넘어지면서 아웃카운트를 만들었다. 압도적인 수비 이닝 1위. 다른 선수들과는 비교도 되지 않을 정도였다. 김경문 감독은 뚝심 있게 '4번 타자 3루수' 노시환을 밀고 나갔고, 조금은 헤맸던 노시환도 후반기를 치르며 점점 답을 찾아가기 시작했다.

》》
9월 2일 대전 KIA전, 이날도 어김없이 4번 타자 겸 3루수로 선발 출전한 노시환은 1-1 동점에서 역전 스리런을 쳤고, 이후 한화가 9점을 더 몰아내면서 6회 말 13-2까지 앞섰다. 아무리 야구는 모른다 한들 경기 후반 11점 차는 꽤나

큰 격차. 주전들을 빼고 휴식을 줄 수 있는 타이밍이었지만, 노시환은 여지없이 3루 베이스 곁에 섰다.

　　　　7회 말 노시환은 한 방의 홈런을 더 쳤다. 14경기 만에 나온 멀티 홈런. 노시환은 8회 초까지 한 이닝을 더 수비한 뒤 16-2로 앞선 8회 말 교체되며 경기를 마무리 지었다. 이 날 한화는 무려 21점을 내면서 33년 만에 한 경기 20점 이상 득점에 성공했다. 경기 후 만난 노시환에게 너무 힘들지 않았냐고 묻자 그는 "그런 건 없었다. 안 바뀐 덕분에 홈런 하나를 더 쳤다"고 환하게 웃었다.

　　　　다시 뜨거워진 9월의 한화, 그 중심에 노시환이 있었다. 9월 16일 광주 KIA전에서 시즌 30호 홈런을 친 노시환은 17일에도, 18일에도 담장을 넘겼다. '안 좋다, 안 좋다' 했어도 홈런왕을 차지했던 2023년의 31홈런 기록을 넘어섰고, 정규시즌 종료 8경기를 남겨두고 100타점까지 완성하면서 '거포의 상징' 30홈런과 100타점을 동시에 달성했다.

"올 시즌을 전체적으로 돌아보면 어때요?"

　　노시환 "시즌 돌아보면 감독님한테 감사한 게 제일 큰 것 같아요. 전반기에 계속 안 좋았는데 제가 감독이었어도 분명히 라인업에서 뺐을 수도 있고, 2군에 보내서 재정비의 시간을 줬을 수도 있다고 생각을 했어요. 그런데 감독님께서는 한 번도 안 빼고 계속 기회를 주셔서 후반기에 반등할 수 있는 발판이 된 것 같아서 그게 제일 감사하죠."

"내가 못하고 있는데 계속 4번 타자로 넣으면 그게 오히려 부담이 될 수가 있잖아요. 근데 반대로 그게 믿음으로 다가왔나 봐요."

노시환 "그렇죠. 그게 부담스럽다기보다 정말 '더 잘해야겠다'는 생각이 더 컸어요. 이 정도로 못하고 있는데도 계속 기회를 주시는데, 믿음에 보답을 해야 하는데, 그런 마음. 그게 독하게 마음 먹을 수 있었던 이유였던 것 같아요. 제가 이렇게 못했는데도 팀이 2위에 있어서 팀원들에게 너무 고마워요."

"솔직히 힘든 적 없었어요?"

노시환 "솔직히요? 힘들었을 때는 없었어요. 아직 팔팔한 나이잖아요. 잘 안 아프고 1년 꾸준하게 뛸 수 있다는 건 주위에서 봤을 때도 플러스 요인이고, 장점인 것 같아요."

>>>

한화는 2018년을 끝으로 매번 가을야구에 실패했고, 2019년부터 프로 생활을 시작한 노시환은 찬바람 불 때 야구를 해 본 적이 한 번도 없었다. 영웅이 되는 상상을 한다며 포스트시즌을 얘기하는 노시환의 눈이 반짝였다.

노시환 "부러웠죠. 저는 입단해서 이때까지 항상 하위권이었으니까. 한 번이라도 가을야구를 해 보고 싶었는데 기회가 와서 설레는 마음이 제일 커요. 그 분위기가 너무 궁금해요. 팬분들이 다같이 깃발 흔들고, 웅장한 분위기가 있대요 가 본 사람들 말로는. 그 분위기를 한번 느껴 보고 싶었어요."

17

마주 보는 사람의
믿음

"완전 패닉이었다니까요."

7월 3일 대전 NC전에 선발 출전했던 최재훈은 4회 말 2루타를 만드는 과정에서 2루수 박민우와 충돌했다. 어깨에 통증이 생긴 최재훈은 결국 대주자 심우준으로 교체됐다.

통산 사구(死球) 개수가 리그 전체에서 손꼽힐 만큼 많은 최재훈은 타석에서도, 홈플레이트에서도 공에 맞고, 넘어지고, 구르기를 반복하면서도 매번 툭툭 털고 일어나는 선수였다.

그런 최재훈의 부상에 누구보다 놀란 사람은 다름 아닌 폰세였다. 그는 언제나 호흡을 맞춰온 최재훈에게 직접적으로, 또 간접적으로 고마움을 표현하곤 했다. 폰세와의 인터뷰에서는 늘 시작과 동시에 최재훈의 이름을 들을 수 있었다. 폰세가 그 순간 놀라 달려갔다는 건, 최재훈이 그만큼 그에게 없어서는 안 되는 존재라는 뜻이었다.

다행히 충돌은 큰 부상으로 이어지지 않았고, 최재훈은 이튿날 경기부터 정상적으로 포수 마스크를 썼다.

폰세 "곧바로 우리 트레이너에게 가서 최재훈이 괜찮은지 물어봤는데, 아니라고 하는 거예요. 그래서 더 패닉이 왔어요. 알고 보니까 나한테 농담을 한 거였더라고요. 그래서 앞으로 그런 농담은 절대 하지 말아 달라고 했어요."

최재훈 "폰세가 엄청 놀라고 걱정하면서 물어봤다고 하더라고요. 저한테도 와서 괜찮냐고 하길래 아프다고 했더니, 약 준비해 놨다고 하더라고요. 약 먹으면 된다고. 그래서 필요없다고, 괜찮다고 했죠."

폰세뿐만 아니라 다른 투수들과 인터뷰를 할 때에도, 언제나 포수들에게 전하는 감사의 인사를 들을 수 있었다. 2025년, 어느 때보다 강했던 한화의 마운드는 투수의 힘만으로 세워진 것이 아니었다. 투수와 포수의 재능과 노력, 이를 바탕으로 한 데이터 분석팀의 연구, 그리고 보다 단단해진 야수들의 수비가 함께 빚어 낸 결과였다.

김종수 "저희 포수 형들한테 꼭 감사하다는 말을 하고

싶어요. 투수들 정말 신경 많이 써 주세요. 특히 형들이 경기 전에 공부하는 모습 보면 형들을 신뢰하지 않을 수가 없거든요."

와이스 "최재훈과 이재원 둘 다 대단해요. 두 선수 모두 이 리그에서 20년 가까이 뛴 베테랑이잖아요. 저보다 훨씬 오래 야구를 해 온 포수들이기 때문에 믿고 따라갈 수밖에 없어요."

≫

"최재훈 선수의 2025년은 어땠나요."

최재훈 "나쁘지 않았다고 생각하고 있습니다. 감독님, 김정민 코치님, 그리고 트레이닝 파트에서 체력 관리를 정말 많이 해 주셨어요. 그리고 재원이 형이 옆에서 든든하게 지켜 줘서 제가 더 잘할 수 있지 않았나 생각이 들어요."

"올해 투수들이 역대급 기록을 썼는데, 주전 포수로서 자부심이 될 것 같아요."

최재훈 "그렇죠. 선발투수들이 10승을 이렇게 많이 한다는 건 포수로서 정말 영광이라고 생각해요. 포수로서 최고의 가치라고 느끼고 있습니다."

"투수들이 항상 고맙다고 얘기해요. 그라운드에서도 그런 신뢰가 느껴지시나요."

최재훈 "그럼요. 경기 들어가기 전에도 얘기를 정말 많이 해요. 데이터분석팀에서도 얘기를 많이 해 주고요. 서로 어떻게 했으면 좋겠는지 공유를 하고 마운드에 올라가거든요. 서로 믿음을 가지고 있기 때문에 그렇게 좋은 성적을 낼 수 있지 않았나 생각합니다."

"어린 투수들이랑도 특히 많이 호흡했고, 또 그 선수들이 좋은 성적을 냈어요."

최재훈 "저는 항상 자신감을 심어 주려고 해요. 맞는 건 내 잘못이고, 그런 건 신경쓰지 말고 네 볼을 던져서 맞든 안 맞든 결과를 내라고요. 어차피 뒤에 수비도 있고, 지켜 주는 사람이 있기 때문에 혼자 한다고 생각하지 않고 하면 그만큼 더 좋아진다고 했거든요.

가운데 던져서 맞으면 어쩔 수 없지. 그럼 타자가 잘 쳤다고 인정하고, 그다음에 이기면 된다. 이런 얘기를 후배들한테 했고, 후배들이 잘 따라 줬기 때문에 최고의 한 해를 만들 수 있었지 않았나 해요."

>>>

"사실 최재훈 선수도 가을야구를 한 지가 꽤 됐잖아요."

최재훈 "감회가 새롭죠. 1위를 하든 2위를 하든 똑같아요. 제가 후배들한테 하고 싶은 말은 가을야구에서는 자신감, 주눅 들지 않는다는 게 중요하다는 거. 그리고 수비 실수만 안 한다면 가을야구에서도 좋은 성적을 낼 수 있다고 생각해요."

"최재훈 선수가 처음 한화에 왔을 때랑 제일 달라진 게 뭘까요?"

최재훈 "처음에는 베테랑들이 많았어요. 이제는 후배들이 '하는' 입장이죠. 우리 후배들이 지금 정말 많이 올라왔고, 성장을 했기 때문에 우리 팀이 더 강해지지 않았나 해요. 백업도 좋아지면서 다른 팀에게 뒤처지지 않는다고 생각하고 있습니다."

"최재훈 선수가 그 성장의 과정을 모두 지켜본 선수 중 한 명이잖아요."

최재훈 "제가 볼 땐 올해도 올해지만, 내년, 내후년 더 강해질 거라고 생각합니다."

18

긴 머리를
질끈 묶고

7월 25일 대전 SSG전, 마운드에 오른 라이언 와이스의 모습은 평소와 달랐다. '대전 예수'라는 별명이 붙게 한 긴 머리를 단정하게 묶어 뒤로 넘겼고, 까만색 언더셔츠를 입고 있었다.

와이스 "땀을 많이 흘리다 보니까 투수코치님이 먼저 긴 소매를 입자고 제안을 해주셨고, 알겠다고 했어요. 긴 소매를 입은 건 땀이 손에 묻지 않게 하려는 이유가 컸죠. 또 최근에 생각이 좀 많았는데 나를 믿고, 포수를 믿고, 수비를 믿으려고 했습니다. 우리는 정말 좋은 팀이니까요."

후반기 첫 등판이었던 7월 19일 수원 KT전에서 3이닝 5실점으로 무너졌던 와이스는 이날 7이닝 동안 10개의 삼진을 솎아내며 무실점 호투를 펼쳤고, 후반기 첫 승을 달성했다.

》》

와이스는 대체 외국인 선수 제도가 처음 시행된 2024년, 6주 임시직으로 한화 유니폼을 입었다. 팔꿈치 부상이 있던 리카르도 산체스의 공백을 메우기 위해서였다. 한화의 부름을 받기 전까지는 미국 독립리그에서 뛰고 있었고, 총액 10만 달러에 계약하며 6월 한국행 비행기에 올랐다.

> **와이스** "정말 설렜어요. 또 감사했고요. 스스로를 믿고 있었기 때문에, 다른 나라에 와서 뛸 수 있는 기회가 주어졌다는 게 무척 기뻤습니다. 대만에서의 경험이 있긴 했지만, 한국에 올 수 있다는 사실이 정말 기대됐어요."

두산 베어스를 상대로 나선 첫 등판부터 6이닝 무실점으로 깔끔한 퀄리티스타트를 작성하며 인상적인 데뷔전을 치렀고, 이후에도 안정적으로 선발 마운드를 지켰다. 메이저리그에서 22승을 올렸다는 하이메 바리아보다 더 믿음직스러운 모습이었다. 실점은 있을지언정 5회 이전에 마운드를 내려가는 일은 없었다. 한 달 동안 나선 5경기에서 늘 6이닝 이상을 소화하며 이닝이터 역할을 톡톡히 했다. 그리고 한화는 산체스와의 결별을 선택, 와이스와의 정식 계약을 알렸다. 첫 계약에서 2배 이상이 뛴 26만 달러. 대체 외국

인 선수 최초의 정식 계약이었다.

　　와이스는 2024년 16경기에서 평균자책점 3.73, 5승 5패를 기록하며 말 그대로 '절반의 성공'을 거뒀고, 시즌이 끝난 뒤 최대 95만 달러에 재계약하며 한화와의 동행을 이어갔다. 결과도 결과였지만, 뭐든 시도하고 받아들이는 와이스의 태도와 마인드도 인정을 받았다.

≫

　　2025년 2월 호주 멜버른. 와이스에게는 한화에서의 첫 스프링캠프였다. 당시 와이스는 "모든 부분에서 발전하고 싶다. 매일 조금이라도 더 나아지고 싶고, 그렇게 하는 게 옳은 길이라고 믿는다"고 말했다.

　　그리고 와이스는 자신의 KBO 두 번째 시즌, 전반기에만 10번의 승리를 거뒀고 후반기에도 꾸준히 승리를 추가했다. 폰세가 탈삼진 기록으로 더 많은 주목을 받긴 했지만 와이스 역시 1선발이나 다름없는 퍼포먼스를 자랑했다. 한화 역사에서 이런 외국인 원투펀치는 없었다. 외국인 투수가 동시에 15승 이상을 기록한 건 리그 전체를 놓고 봐도 단 세 차례뿐이었다.

"개인적으로 느끼는 변화나 성장이 있을까요?"

와이스 "있었으면 좋겠네요. 사실 전 언제나 이기는 데만 집중하고 있어요. 작년에도 그랬고요. 저를 아는 사람들은 다 알 거예요. 전 승부욕이 엄청 강한 편이에요. 작년과 비교하면, 마운드에서 피칭할 때나 더그아웃에서 동료들과 함께 응원을 하면서나 많이 성장을 한 것 같아요."

"야구 인생에서 처음 경험하는 것들이 많을 것 같아요."

와이스 "사실 전 한 시즌에 10승을 해본 적도 없고, 이렇게 많은 경기를 선발로 소화해본 적도 없어요. 하지만 그런 건 개인적인 부분일 뿐이고, 시즌 중에는 개인 기록에 크게 신경 쓰지 않으려고 합니다. 저는 팀에만 집중하려고 해요. 팀이 잘하고 있다면, 제가 어떤 성적을 내고 있든 행복할 수 있어요."

"폰세 선수와 함께하는 것도 시너지 효과가 있을 것 같아요."

와이스 "건강한 경쟁은 언제나 좋은 일이라고 생각해요. 특히 폰세가 나가서 6이닝, 7이닝을 무실점으로 막으면 저도 '아, 나도 똑같이 해야겠다' 그런 마음이 생기죠. 우리 선발투수들은 그만큼 서로에게 높은 기준을 세우고 있어요. 다 같이 잘하길 바라면서, 잘 해냈을 때 진심으로 함께 기뻐해요."

"한국에 오길 잘했다고 생각해요?"

와이스 "그렇죠. 아내랑 저 둘 다 여기서 정말 즐겁게 지내고 있어요. 좋은 사람들도 많이 만났고, 팀에서도 전반적으로 저를 정말 잘 대해주고요. 저는 여기 있다는 게 참 축복이라고 느껴요.. 제 자리를 차지하고 싶어 하는 선수가 수천 명은 될 거라는 걸 알고 있거든요. 그래서 이곳에 있을 수 있다는 게 정말 감사하다는 생각이 들어요."

≫

와이스에게 올 시즌 가장 기억에 남는 경기를 말해 달라고 하자 그는 두 개의 경기를 꼽았다. 첫 번째는 12연승을 달성한 날인 5월 11일 고척 키움전. 와이스는 이날의 선발투수였고, 8이닝 무실점으로 완벽투를 펼쳤다. 8이닝 동안 허용한 안타는 단 하나, 탈삼진은 9개나 나왔다.

그리고 두 번째가 바로 그다음 경기, 12연승이 끊긴 날이었다. 5월 13일 대전 두산전에서 한화는 1-3으로 끌려가다 9회 말 2아웃에서 나온 최인호의 동점 투런포로 승부를 연장전으로 끌고 갔다. 볼파크가 개장한 뒤 가장 큰 함성이 분명했다. 비록 11회 초 실점으로 아쉽게 지긴 했지만, 그 어떤 승리보다 더 큰 전율을 안겼다. 더 이상 한화라는 팀은 쉽게 지지 않는 팀이라는 걸 확인시킨 경기였다.

와이스 "최인호가 몬스터월을 넘기는 홈런을 친 그 순간 온몸에 소름이 돋았어요. 경기장은 완전히 열광의 도가니였고요. 결국 그 경기는 졌지만, 잊을 수가 없는 멋진 순간이었어요. 올해 우리 팀은, 확실히 좀 더 여유가 있어요."

19

채은성이
내딛는 발

스프링캠프에 합류한 신인들에게 '주장 채은성에게 하고 싶은 질문'을 받았다. 육성선수 신분의 선수들은 신고선수로 LG 트윈스에 입단했던 채은성이 현재의 위치에 이르기까지, 어떤 마음가짐으로 임했는지를 가장 궁금해했다.

세 자릿수 등번호를 달았던 어린 시절 채은성의 꿈은 '잠실에서 딱 한 타석만이라도 서 보고 잘리고 싶다'였다. 채은성은 "신고선수는 지명을 받은 선수들보다 기회 자체가 적을 수밖에 없고, 그 기회가 없다는 게 힘들기 때문에 어떤 마음을 가지고 하느냐가 중요하다"고 했다.

잠실에서의 한 타석과 함께 세운 또 하나의 목표가 있다면 그건 '후회 없이 하는 것'이었다. 실력이 안 돼서 그만두더라도, 이 정도 했는데 안 되면 진짜 안 되는구나 싶을 정도로. 그는 이제 막 프로의 세계에 발을 들인, 어쩌면 '자신이 그랬듯' 조금은 더 험난한 길을 걸을 그들에게 "언제 올지 모르는 기회를 잡기 위해서는 부단한 노력을 해야 한다"는 메시지를 전했다.

》》

5,300번을 넘게 타석에 들어선 지금도 여전히 부단한 노력을 한다. 채은성은 올 시즌이 시작한 뒤 타격폼을 미세

하게 수정했고, 변화 후 성적이 눈에 띄게 좋아졌다. 5월 말 11경기에서 6개의 홈런을 기록한 채은성은 "토탭(Toe-tap: 발끝으로 리듬을 잡는 동작)을 없애고 타격폼을 더 간결하게 바꿨다"며, "1-2-3의 움직임이 있다고 하면, 1번을 없앤 것"이라고 설명했다.

> **채은성** "LG 시절부터, 잘 할 때도 항상 머릿속에 계속 고민이 있었어요. 잘 맞고 있는데도 되게 버거웠던 것 같아요. 투수랑 상대할 때 부딪힌다는 느낌이 많이 들었거든요. 사실 시즌 중에 변화를 주는 게 엄청난 모험인데, 완전히 다른 느낌이 아니라 비슷한 맥락이어서 할 수 있었던 것 같아요."

6월 타율 0.350. 6월 마지막 시리즈였던 대구 삼성전 1루 수비 과정에서 주자와 충돌, 가슴 통증으로 몇 경기 결장했으나 복귀 후 큰 후유증 없이 7월에도 활약을 이어 나갔고, 7월에도 타율 0.342의 호성적으로 흐름을 이어 갔다. 한화의 질주 그 중심에 '노력하는' 채은성이 있었다.

노력해도 아직 닿지 못한 곳이 있다면 한국시리즈였다. 포스트시즌 경험은 많지만 가장 마지막 무대를 밟은 적이 없다. 채은성은 "초중고를 다 합쳐도 야구 인생에서 결승전을 해 본 적이 한 번도 없다"고 표현했다.

채은성 "팀 성적을 갈망하게 된 것도 사실 LG 시절 마지막쯤이었어요. 팀 성적도 당연히 중요하지만 그 전에는 내 자리 찾기도 바빴으니까. 어느 정도 자리를 잡고 나서부터는 친한 동료들과 좋은 성적을 낸다는 것도 기쁨이 된다는 걸 많이 느꼈어요."

공교롭게도 LG는 채은성이 한화로 이적한 첫해 정규시즌 1위로 한국시리즈에 진출해 2023년에 29년 만의 통합 우승을 달성했다.

채은성 "그러니까 이게 묘한 것 같아요. 다 같이 있었던 동료들이니까. 나는 같이하지 못하고 그걸 바라봐야 되는 입장에서, 저기 있었으면 나도 저렇게 트로피를 올릴 수 있었을까? 그건 또 다른 문제라서……. 축하는 해 주는데 뭔가 시원섭섭한 느낌이었던 것 같아요."

한화에는 "나도 당연히 잘해야 하지만 팀 성적을 더 많이 생각하고" 왔다. 6년 총액 90억 원이라는 거액의 FA 계약. 채은성은 한 팀에서만 뛰는 선수들은 경험하지 못하는 것들을 경험하는 게 재미있다고 했는데, 온전히 '재미'만을 뜻하지는 않았다.

채은성 "1년은 진짜 제 속얘기를 할 수 없는 고립된 느낌이 있었어요. 얘기를 한다고 해도 온전한 얘기를 할 수 없었죠. 해 봤자 '배부른 소리 하고 있네' 이럴 수 있으니까 말을 되게 아꼈거든요. 어디 가서 힘들다는 말을 하지 않았어요. 어차피 핑계 대는 것 같고. 처음 이적하고는 워낙 스포트라이트를 받으니까 그런 게 좀 힘들었고, 작년에는 처음 주장 하면서 조금 그랬어요. 한화에 와서 어떻게 보면 야구적으로도 많이 배웠지만 인생 공부도 많이 한 것 같아요.

올해는 힘들어도 처음 경험하는 게 아니니까 '나만의 방식대로 풀어 나가면서 하면 되겠구나' 해서 정신적으로 그렇게 힘들지는 않았던 것 같아요. 그리고 주장 역할을 하는 데 있어서 제가 안 될 때 주장을 해 봤던 재원이 형이나 치홍이가 많이 도와줬어요. 그러면서 어떻게 보면 널널하게 할 수 있었던 것 같아요. 그렇게 팀 성적도 나고, 잘해서 다행이기는 하죠."

상대적으로 수월했다고는 하지만 어려움이 없었던 것도 아니었다. 채은성은 시즌 막바지 발가락 부상을 달고 뛰었다. 발을 디딜 때마다 찌릿찌릿한 통증이 있는데 진통제도 듣지 않았다. 일상생활을 할 때도 불편함이 있었고, 수술밖에 답이 없는 상황이었지만 시즌을 치러야 하니 고통을 참고 경기를 소화해야 했다. 채은성이, 팀이 원하는 결말을 위해서는 어쩔 수가 없었다.

채은성 "경험은 진짜 무시 못 하는 것 같아요. 가을야구는 특히 그래요. 저도 주전으로 처음 가을야구를 했을 땐, 심지어 그때 야구를 잘했는데도 소위 '절다가'

플레이오프가 끝나 버렸어요. 그런데 3년 뒤에 다시 갔을 때는 완전히 달랐고, 그때 경험은 무시 못 한다는 말을 딱 느꼈어요. 저희는 가을야구를 처음 하는 친구들이 되게 많은데, '자신 있게 해야지' 생각해도 마음처럼 되지가 않을 거예요. 강팀이 되기 위한 좋은 경험을 하고 있는 과정이라고 생각해요.

우승 너무 하고 싶죠. 가을야구의 분위기는 똑같을 것 같은데, 결승전을 한번 해 보고 싶긴 하죠. 가면 원 없이 할 수 있을 것 같긴 해요. 후회 없이 할 수 있을 것 같아요. 그런 느낌이 들어요."

Epilogue

**한화의 류현진,
류현진의 한화**

"류현진 선수가 한화에 있는 동안 가장 승리를 많이 한 시즌이더라고요. 체감을 좀 하셨어요?"

> **류현진** "당연하죠. 일단 승이 거의 20개가 플러스되어 있으니까 당연히 체감이 되고, 무엇보다도 올해는 정말 잘했다고 생각이 들어요."

"2006년, 2007년에도 3위를 했지만 그때는 신인이었고, 지금 이렇게 후배들이랑 같이 승리를 많이 만드는 느낌은 또 다를 것 같아요."

> **류현진** "좀 많이 다른 것 같아요. 어릴 땐 그냥 내 순서대로 경기에 나가고, 포수만 믿고 사인대로만 던지면서 그냥 그렇게 야구를 했다면, 이제는 내가 경기를 풀어 간다는 점이 바뀌었어요. 또 어릴 때는 내가 할 것만 하면 됐는데, 이제는 후배들도 챙겨 줘야죠. 좋을 때나, 힘들어할 때나 같이 고민도 들어 주고 이런 부분이 달라요."

"후배들이 먼저 많이 물어보나요? 아니면 먼저 말을 해 주나요?"

류현진 "근데 생각보다 그렇게 많이 안 물어봐요. 맨날 같이 붙어 있어서 그런지 모르겠는데, 다른 팀 애들은 많이 물어보는데 우리 팀 애들은 안 물어보더라고요. 나는 성심성의껏 대답을 해 줄 의향이 있는데 궁금한 게 없나 싶을 정도로……(웃음)."

"올해 한화가 좋은 성적이 날 수 있었던 비결을 어디서 찾을 수 있을까요?"

류현진 "아무래도 투수력 아닐까요. 폰세랑 와이스랑 둘이 15승 이상을 해 주면서 일단 거기서 좋은 시너지가 생겼고, 중간 투수들도 필승조나 추격조 할 것 없이 다 정말 좋은 시즌을 보냈어요."

"폰세와 와이스가 잘해 준 게 류현진 선수에게도 영향을 준 게 있었나요?"

류현진 "그쵸, 있죠. 선발투수는 전날 경기의 승패에 따라서도 영향이 있어요. 연패를 하고 있을 경우라든지, 아무래도 전 경기가 많이 신경 쓰이는 편인데 그 선수들이 다 이겨 주니까 편안한 상태로 마운드에 올라갈 때가 많았던 것 같아요."

"연패 중일 때가 부담스럽나요, 연승 중일 때가 부담스럽나요?"

류현진 "음, 연승일 때. 나에서 끊기면 안 되니까!"

"올해 한화가 '33년 만에' 세운 기록들이 많잖아요. 제일 의미 있다고 생각하는 기록이 혹시 있으신가요?"

류현진 "전 의미 있는 기록은 없다고 생각해요. 우승해야 기록이지. 아무리 잘해도 결말이 좋아야죠. 그래서 그런 건 딱히 중요하지 않아요."

≫

"폰세 첫인상 기억나시나요?"

류현진 "호주 스프링캠프에서 처음 봤죠. 처음에는 지금처럼 막 활발하지는 않았던 것 같아요. 지금은 정말 활발하고, 한국말도 많이 늘었어요. 그래서 자기보다 어린 애들한테 뭐라고 하고 막 시키는 거 보고 있으면 재밌어요. 우주, 일로 와! 차렷!"

"이번 시즌 내내 선발들끼리는 훈련 때 옷도 맞춰 입고, 불펜 피칭도 같이 보면서 공도 골라 주고 했잖아요."

류현진 "토론토 시절부터 그렇게 했어요. 누구였더라? 배싯인가, 가우스먼인가. 누가 먼저 같이 하자고 했었는데 좋은 방법이라고 생각해서 한화 와서 같이 하자고 했어요. 애들도 잘 따라 줬고, 이제는 하나의 문화가 됐어요. 자연스럽게 시간 맞춰 알아서들 나오고요. 그 시간에 안 나오면 커피 사야 해요."

"선발진을 더 돈독하게 만들지 않았을까요?"

류현진 "그럴 수도 있다고 생각해요. 혼자 가서 몸 푸는 것보다 뒤에서 우리 선발투수 4명이 봐 주고, 다 풀고 나면 하이파이브 하면서 힘을 주니까요."

"문동주 선수가 한화 선수로는 류현진 선수 다음으로 신인왕을 받았잖아요. 처음에 어떻게 보셨나요?"

류현진 "일단 그거죠, 정말 좋은 재능을 가진 아이구나. 솔직히 제가 그런 공을 못 던져 봐서 그런 공을 던지는 애들은 신기해요. 어떻게 하면 저런 스피드가 날 수가 있을까? 똑같은 사람인데 왜 걔는 160km/h를 던질 수 있는 거지?"

"한번 물어보시지 그러셨어요."

류현진 "물어봤어요. 자기도 모른대요. '동주야, 어떻게 그렇게 빠른 공을 던졌냐?' 하니까 '저도 모르겠습니다' 해요."

"문동주 선수는 어떤 선수로 성장할 수 있을까요?"

류현진 "동주는 앞길이 창창해요. 아프지만 않으면요. 아프지만 않고 가면 한국 야구를 이끌어 갈 주자죠, 동주가."

"올 시즌이 한화 후배들에게 어떤 영향을 줄 수 있을까요?"

류현진 "많은 자신감을 심어 주는 시즌이 될 것 같아요. 어린 선수들도 많지만 중간 연차의 선수들, 시환이나 승혁이나 팀이 안 좋을 때 했던 선수들이거든요. 우리도 이제 달라질 수 있겠구나라는, 그런 자신감을 줄 수 있는 시즌이었다고 생각해요."

"그럼 어린 선수들에게 당부하고 싶은 말이 있다면요?"

류현진 "그냥 지금 자신의 위치가 자기 거라고 생각하지 않았으면 좋겠어요. 어린 나이에 주전으로 뛴다고 해서 그 자리를 자기 거라고 생각하는 순간 멈춰 버릴 수 있거든요. 계속해서 발전해 나가야 된다고 생각해요. 매년 바뀌어야 해요."

》》

"류현진 선수도 야구가 어렵다고 느껴지실 때가 있나요?"

류현진 "야구는 진짜 계속해서 어려운 것 같아요. 예전에는 포수 사인대로 던지기만 했는데, 이제는 좀 알고 하니까 그게 더 어려운 것 같아요."

"한화에서의 마지막 가을야구가 기억나시나요?"

류현진 "그럼요. 두산이랑 해서 제가 던지고 끝났어요. 태우 형이 말 타고 센터에서 들어온 그날*······. 그때 제가 선발이었는데 초반에 무너졌어요. 그러고 나서 한화 이글스의 가을은······."

"만약에 우승을 하면 류현진 선수도 눈물을 흘릴까요?"

류현진 "잘 모르겠어요. 음······ 울 수도 있다고 봐요."

* 2007년 10월 17일, 두산 베어스와 한화 이글스의 플레이오프, 당시 사극 드라마 <대조영>을 촬영 중이던 배우 정태우가 극 중 분장 그대로 말을 타고 들어와 시구에 나서 화제가 됐다.

이글스 시즌
한화 불꽃의

초판 1쇄 펴낸 날 | 2025년 10월 17일

지은이 | 조은혜
펴낸이 | 홍정우
펴낸곳 | 브레인스토어

책임편집 | 김다니엘
편집진행 | 김진호, 정채현, 박혜림
디자인 | 이예슬
마케팅 | 방경희
외주편집 | 홍주미
사진 | 한화 이글스

주소 | (03908) 서울시 마포구 월드컵북로 375, DMC이안상암1단지 2303호
전화 | (02)3275-2915~7
팩스 | (02)3275-2918
이메일 | brainstore@publishing.by-works.com
블로그 | http://blog.naver.com/brain_store
인스타그램 | https://instagram.com/brainstore_publishing

등록 | 2007년 11월 30일(제313-2007-000238호)

© 브레인스토어, 조은혜, 2025
ISBN 979-11-6978-061-2 (03810)

* 이 책은 저작권법에 따라 보호받는 저작물이므로 무단전재와 무단복제를 금하며, 이 책 내용의 전부 또는 일부를 이용하려면 반드시 저작권자와 브레인스토어의 서면 동의를 받아야 합니다.
* 잘못 만들어진 책은 구입하신 서점에서 교환하실 수 있습니다.
* 독자의 부주의로 훼손된 도서나 필요 이상의 물리적인 힘이 가해져 파손된 도서는 교환, 환불이 불가합니다.